LES POÉTESSES OUBLIÉES

10, place des Cinq-Martyrs-du-Lycée-Buffon
75015 Paris – France
www.editionscharleston.fr

ISBN : 978-2-36812-832-9

Maquette : Patrick Leleux PAO

Pour suivre notre actualité, rejoignez-nous sur Facebook (Éditions.Charleston), sur Twitter (@LillyCharleston) et sur Instagram (LillyCharleston) !

Charleston s'engage pour une fabrication écoresponsable ! Amoureux des livres, nous sommes soucieux de l'impact de notre passion et choisissons nos imprimeurs avec la plus grande attention pour que nos ouvrages soient imprimés sur du papier issu de forêts gérées durablement.

Fanny de Beauharnais – Alice de Chambrier
Marceline Desbordes-Valmore
Augusta Holmès – Isabelle Kaiser
Louise Labé – Jeanne Loiseau
Anne de Marquets – Marguerite de Navarre
Anna de Noailles – Sappho – Cécile Sauvage
Anaïs Segalas – Sabine Sicaud

LES POÉTESSES OUBLIÉES

CHARLESTON
POCHE

SOMMAIRE

NOTE DE L'ÉDITRICE

Rupi Kaur, Amanda Gorman ou Louise Glück… La poésie contemporaine porte des visages et des voix de femmes. Ces dernières années, des poétesses, parfois très jeunes, se sont emparées de la scène littéraire, dépoussiérant l'image d'Épinal – et masculine – du poète maudit, habité par son art et sa douleur, inaccessible au commun des mortels.

Ces poétesses contemporaines sont autant les figures d'un renouveau de l'art oratoire, de la poésie scandée ou déclamée, que les héritières d'une grande tradition de femmes qui, à travers les siècles, ont utilisé la liberté, la fulgurance, l'insolence offertes par la forme poétique pour mettre en mots leurs émotions et leurs combats.

Si les noms de leurs contemporains masculins ont traversé les siècles, portés par les manuels de littérature et la mémoire collective, ces poétesses se sont, elles, bien trop souvent perdues dans l'anonymat.

Pourtant Sappho, Marguerite de Navarre, Louise Labé, Anne de Marquets, Fanny de Beauharnais, Marceline Desbordes-Valmore, Alice de Chambrier, Anaïs Ségalas, Isabelle Kaiser, Cécile Sauvage, Anna de Noailles ou Sabine Sicaud ont toutes marqué leur époque par la nouveauté, la radicalité ou la popularité de leur poésie.

Fascinées par la beauté et la singularité de ces voix du passé, nous avons eu envie de vous permettre de redécouvrir la joie de la poésie à travers les textes de ces grandes poétesses, qui nous accompagnent et que nous aimons tant chez Charleston.

Nous espérons qu'elles vous toucheront autant que nous !

Bonne lecture !

L'équipe éditoriale des éditions Charleston

L'INTIME

À UNE AIMÉE*

Sappho (VIIe et VIe siècles av. J.-C.)

Il goûte le bonheur que connaissent les dieux
Celui qui peut auprès de toi
Se tenir et te regarder,
Celui qui peut goûter la douceur de ta voix,

Celui que peut toucher la magie de ton rire,
Mais moi, ce rire, je le sais ;
Il fait fondre mon cœur en moi.

Ah ! moi, sais-tu, si je te vois,
Fût-ce une seconde aussi brève,
Tout à coup alors sur mes lèvres,
Expire sans force ma joie.

Ma langue est là comme brisée,
Et soudain, au cœur de ma chair,
Un feu invisible a glissé.
Mes yeux ne voient plus rien de clair,
À mon oreille un bruit a bourdonné.

---

* Tous les poèmes de Sappho repris dans ce recueil ont été traduits par Robert Brasillach dans *Anthologie de la poésie* (éditions Stock, 1950).

Je suis de sueur inondée,
Tout mon corps se met à trembler,
Je deviens plus verte que l'herbe,
Et presque rien ne manque encore
Pour me sentir comme une morte.

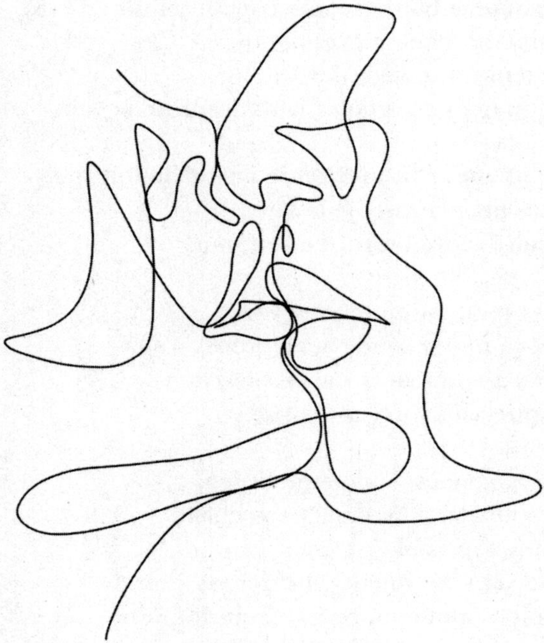

CONFIDENCES

Sappho (VIIe et VIe siècles av. J.-C.)

Je dis que l'avenir se souviendra de nous.
Je désire et je brûle.
À nouveau, l'Amour, le briseur de membres,
Me tourmente, doux et amer.
Il est insaisissable, il rampe.
À nouveau l'amour a mon cœur battu,
Pareil au vent qui, des hauteurs,
Sur les chênes s'est abattu.
Tu es venue, tu as bien fait :
J'avais envie de toi.
Dans mon cœur tu as allumé
Un feu qui flamboie.
Je ne sais ce que je dois faire,
Et je sens deux âmes en moi.
Je ne sais quel désir me garde possédée
De mourir, et de voir les rives
Des lotus, dessous la rosée.
Et moi, tu m'as oubliée.

VOUS M'AVIEZ DIT QUE VOUS M'AIMIEZ BIEN FORT

Marguerite de Navarre (1521)

Vous m'aviez dit que vous m'aimiez bien fort,
Bien fort, bien fort, et ainsi je l'ai cru,
Mais tôt après vous fîtes votre effort
D'en dire autant en un lieu que j'ai vu :
Bien fort, bien fort, vous l'aimez, je l'ai su.
Il vous faut trop de forces pour deux lieux
Si fort aimer, mais prenez pour le mieux
Deux bons ciseaux coupent notre amitié,
Et retenez l'autre, qui a vos yeux,
Forces et cœur : tant de double et gracieux
Satisfera trop bien de la moitié.

J'AIME UNE AMIE ENTIÈREMENT PARFAITE

Marguerite de Navarre (1521)

J'aime une amie entièrement parfaite,
Tant que j'en sens satisfait mon désir.
Nature l'a, quant à la beauté, faite
Pour à tout œil donner parfait plaisir ;
Grâce y a fait son chef d'œuvre à loisir,
Et les vertus y ont mis leur pouvoir,
Tant que l'ouïr, la hanter et la voir
Sont sœurs témoins de sa perfection :
Un mal y a, c'est qu'elle peut avoir
En corps parfait cœur sans affection.

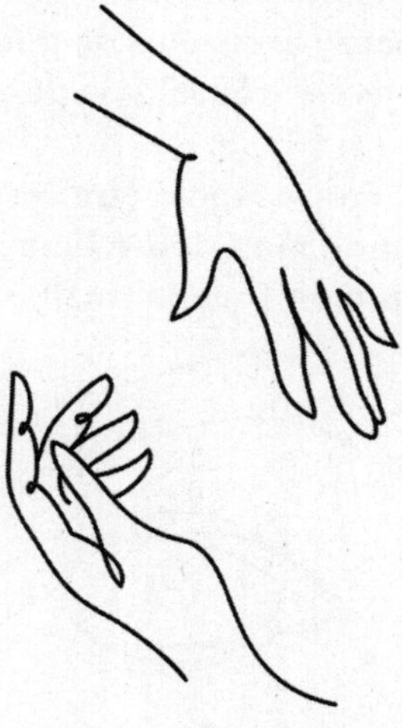

JE VIS, JE MEURS ; JE ME BRÛLE ET ME NOIE

Louise Labé (SONNET VIII – 1555)

Je vis, je meurs ; je me brûle et me noie ;
J'ai chaud extrême en endurant froidure :
La vie m'est et trop molle et trop dure.
J'ai grands ennuis entremêlés de joie.

Tout à un coup je ris et je larmoie,
Et en plaisir maint grief tourment j'endure ;
Mon bien s'en va, et à jamais il dure ;
Tout en un coup je sèche et je verdoie.

Ainsi Amour inconstamment me mène ;
Et, quand je pense avoir plus de douleur,
Sans y penser je me trouve hors de peine.

Puis, quand je crois ma joie être certaine,
Et être au haut de mon désiré heur,
Il me remet en mon premier malheur.

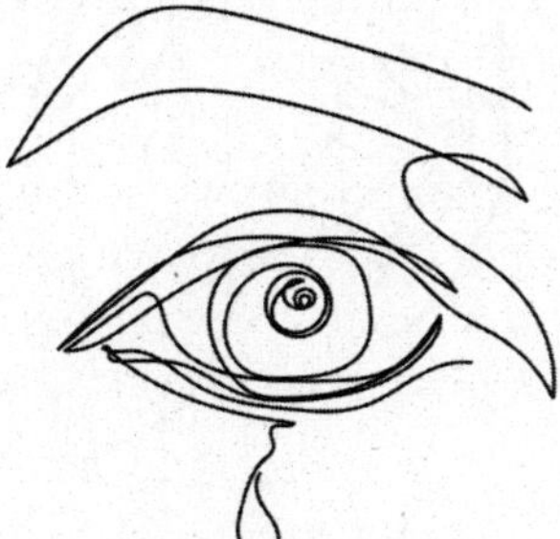

CAPTIF

Alice de Chambrier (1881)

Le Poète jamais n'est maître de sa lyre
Dont les cordes souvent éclatent sous ses doigts ;
C'est lorsqu'il sent le plus qu'il peut le moins décrire,
Et que, voulant chanter, il demeure sans voix.

Lorsqu'à l'entour de lui tout clame poésie,
Que la Nature en fête étale ses splendeurs,
Seul il reste muet, l'âme comme saisie,
Se sentant trop petit pour de telles grandeurs.

Pourtant son cœur aussi déborde d'harmonie,
Il écoute vibrer de célestes accords ;
Mais sous le lien puissant qui retient son génie,
Il demeure vaincu, malgré tous ses efforts.

Il voit les astres d'or dans les espaces luire,
Il voit le grand ciel bleu se mirer dans les flots,
Il entend leur Langage et ne peut le traduire
Que par d'amers soupirs, pareils à des sanglots.

Ah ! nul ne peut savoir ce qu'il souffre en lui-même,
Aux heures d'impuissance où, malgré son désir,
Il comprend, envahi par un regret suprême,
Qu'il touche à l'Idéal sans pouvoir le saisir.

Il est comme un Oiseau captif dans une cage
Et qui, par les barreaux de sa claire prison,
Contemple, dominé par un désir sauvage,
L'air bleu qui librement circule à l'horizon.

C'est en vain qu'il voudrait s'élever dans l'espace,
Se perdre en cet azur dont il se voit banni ;
Il retombe brisé, l'aile meurtrie et lasse,
Les yeux mornes, encore tournés vers l'infini.

CONTE DE FÉES

Alice de Chambrier (1880)

Tout près d'ici je sais un beau prince enchanté
Qu'éveille quelquefois une fée à la brune
En lui mettant au front un nimbe de clarté :
Ce prince, c'est le Lac, et la fée est la Lune.

La fée aime le prince, et le prince lui rend
Cet amour qu'une nuit d'étoiles vit éclore ;
Mais l'espace se trouve entre les deux si grand
Qu'ils en pleurent parfois jusqu'aux feux de l'aurore.

Lui l'attend tout le jour, sombre et chagrin souvent,
Lorsqu'il voit sur le ciel s'étendre un gros nuage
Qui, rapide, poussé par le souffle du vent,
Vient lui prendre, rival, sa mignonne au passage.

Elle, toujours sereine en ses calmes splendeurs,
Le voyant malheureux et morose loin d'elle.
Lui jette, lumineux jusqu'en ses profondeurs,
Son regard débordant de tendresse éternelle.

Et sous l'humide éclat de ce regard si pur,
Le prince sent la paix qui rentre dans son être ;
Celle qui tout là-haut rayonne dans l'azur
N'est plus si loin de lui qu'elle paraissait être…

Ils s'aimeront ainsi jusqu'à la fin du Temps,
Sans voir encor le jour de leur union poindre :
Elle ne peut quitter ses parvis éclatants,
Et lui dans l'infini ne saurait la rejoindre.

Il existe, endormis sous un pouvoir fatal,
Bien des princes, ayant tous leur fée adorée,
Et les princes c'est nous, la fée est l'Idéal
Dont notre Âme ici-bas se trouve séparée.

CHARME-DU-JOUR

Augusta Holmès (1902)

Ta lèvre est une boisson fraîche
Qui brûle mon cœur !
L'anémone rose et la pêche
Se mêlent sur ta joue en fleur !

Ton regard, sous ta chevelure,
Éclair dans la nuit !
Raya mon cœur d'une félure
D'où ma force vers toi s'enfuit !

Fleur de grenade et rose blanche,
Ô « Charme du Jour ! »
Les balancements de ta hanche
Scandent mes poêmes d'amour !

Et si, dans la soif éternelle,
Parmi les maudits,
Un Djinn m'apportait sous son aile
De la neige du Paradis,

Je crierais : Va-t'en ! Car j'implore
Allah le Clément !
« La revoir ! La revoir encore,
Et souffrir éternellement ! »

C'EST UN OISEAU DU BOIS SAUVAGE

Augusta Holmès (1900)

C'est un oiseau du bois sauvage
Qui m'a dit : « Tu l'aimeras toujours. »
C'est une vague du rivage
Qui m'a dit : « Renonce à tes amours… »
Mais cet oiseau du bois sauvage
M'a bien dit : « Tu l'aimeras toujours ! »

Pour une fleur de ta ceinture
J'ai donné ma vie et mon repos.
Loin de tes yeux le temps me dure !
Je languis pour tes regards si beaux !
Pour une fleur de ta ceinture
J'ai donné ma vie et mon repos.

Pour un baiser sous les étoiles
J'ai vendu ma force et mon honneur.
Pour ta blancheur pure et sans voiles
J'ai perdu la pureté du cœur !
Pour un baiser sous les étoiles
J'ai vendu ma force et mon honneur.

Rien ne pourra briser les charmes
Dont je meurs pour éternellement.
Je te verrai railler mes larmes
Dans les bras de ton nouvel amant !
Rien ne pourra briser les charmes
Dont je meurs pour éternellement…

Ta mort seule rompra les charmes
Dont je meurs pour éternellement !

QUE JE REPOSE EN TOI

Cécile Sauvage (1913)

Que je repose en toi, mon beau logis d'amour,
Dans la nuit de ton cœur sur mon être scellée.
Tu seras mon tombeau. Oubliant les détours,
Ombre, je vais descendre, en ton ombre effacée.

Tu seras mon tombeau. Enfin je vais dormir,
Prise dans le linceul que me fera ton âme,
Goûtant, morte sacrée, au sein du souvenir,
L'amour intérieur que ma vie réclame.

Grave, mon cœur descend en ton cœur qui
[m'enserre,
Me voile, me chérit, me recueille à jamais,
Et, bleu soleil dont le baiser perce la terre,
Ton œil étincelant luit sur mes yeux fermés.

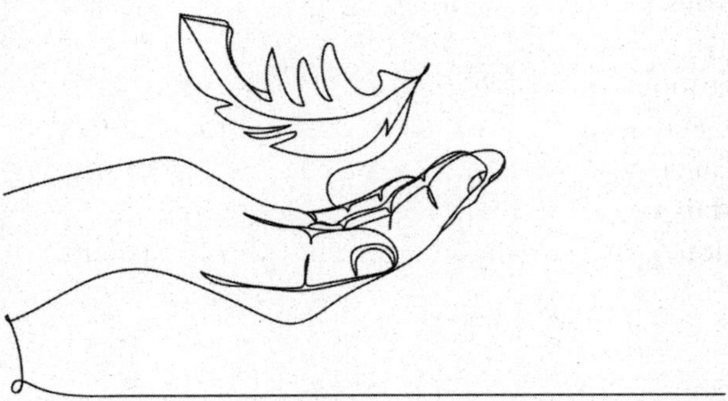

TÊTE-À-TÊTE ROMANTIQUE

Jeanne Loiseau (1893)

Nous avons, tous les deux, dit plus d'une folie,
Ce soir, dans les sentiers étroits pour nos chevaux.
Nous étions égarés loin du bruyant rallye,
Et vous me racontiez votre mélancolie
De l'accent pénétré que prennent les dévots.

Et je me défendais, par ma gaîté railleuse,
De comprendre trop bien vos douces oraisons.
Vous m'aviez fait quitter notre bande joyeuse
Par un galop sournois dans la forêt ombreuse,
Et le soleil quittait les hautes frondaisons.

Le long du chemin creux, tout rouge de bruyère,
Nous allions maintenant, rapprochés, pas à pas.
Sous les massifs profonds défaillait la lumière,
Et le recueillement de la nature entière
Nous fit, sans y songer, soudain parler tout bas.

Et moi, je me plaisais à ce brin d'aventure :
C'était gracieux, fin, joli… presque touchant.
J'ai ri, car j'aime à rire, et c'est bien ma nature ;
Mais ne me croyez pas trop folle créature…
Non, je m'attendrissais, tout en vous le cachant.

Mais quoi ! de vos chagrins je connais trop la cause.
Moi, j'ai souffert aussi, tout en riant toujours.
Hélas ! rien n'en guérit, ni les vers, ni la prose,
Ni le jeu, ni l'oubli, ni rien, ni quelque chose,
Ni les longs cheveux d'or, ni les yeux de velours.

Qu'importe ! Souffrez donc, puisqu'un instant de joie
N'est jamais – dites-vous – chèrement acheté,
Et que, parmi ces maux dont nous sommes la proie,
Éclate par éclairs le bonheur qui les noie,
Le bonheur d'un moment qui vaut l'éternité.

Vous aurais-je donné cette heure bienfaisante ?
Peut-être… et c'eût été plutôt l'illusion.
L'Illusion !... Voilà la grande complaisante.
Hier, quand nous causions, elle était là, présente,
Dans les reflets pourprés du ciel en fusion.

Que faut-il donc de plus pour que l'âme se grise ?
Un bon cheval, un soir embaumé, vaporeux,
Un charmant tête-à-tête obtenu par surprise,
Un horizon lointain qui pâlit et s'irise,
Et la rouge bruyère au bord d'un chemin creux.

BERTILE

Anaïs Ségalas (1844)

Voici que ma maison est vivante et folâtre,
Et que Dieu l'aperçoit ;
L'oiseau du paradis, le bonheur, vient s'abattre
Et chanter sur mon toit,
Hier, dans le jardin, une fleur est éclose
Sur le plus frais rosier ;
Hier un bel enfant, autre céleste rose,
Est né dans mon foyer.

Bonjour, petit enfant, petit roseau qui penches,
Bonjour, mon diamant ;
Dis, ma Bertile, dis, colombe aux plumes blanches,
Qui viens du firmament,
Quels dons as-tu reçus de Jésus, de sa mère,
De l'ange Gabriel,
Qui t'ouvrirent en pleurs, pour t'envoyer sur terre,
Les portes d'or du ciel ?

Gabriel t'a donné ce qui fait son essence,
L'angélique douceur ;
Puis, sans doute, il a mis sa robe d'innocence
À sa petite sœur,
Sa couronne de lis, belle entre les plus belles
Oui, pour lui ressembler,
Prends sa robe de lin ; mais ne prends pas ses ailes,
Tu pourrais t'envoler !

Jésus t'a dit : « À toi la piété, mon ange,
Oh ! sur terre, aime-moi !
Car je fus un enfant tout chétif dans son lange,
Fragile comme toi.
Aussi, toujours je veille et couvre de mon aile
Tous les pauvres petits,
Et tous les nouveau-nés ont dans leur berceau frêle
Les clefs du paradis.

« Oh ! tu n'auras pas, toi, ma crèche et mon empire !
Nul mage ne viendra
T'apporter d'orient l'or, l'encens et la myrrhe ;
On ne te donnera
Que des baisers ; mais, va, l'or et la perle fine,
Qui pourraient te peser,
Au front d'un nouveau-né ne vont pas, ma divine,
Aussi bien qu'un baiser. »

Et la Vierge t'a dit : « Sois pure, sois limpide,
Du front jusques au cœur.
Mais vois-tu, mon enfant, savoir qu'on est candide,
C'est perdre sa candeur ;
Aussi tu seras pure, ô ma douce colombe,

Sans t'en apercevoir :
Le lis de la vallée et la neige qui tombe
Sont blancs sans le savoir. »

Si j'avais été là, dans le ciel de lumière
D'où l'enfant descendit,
Moi, j'aurais fait un vœu profane, un vœu de mère ;
Tout haut, j'aurais bien dit :
Vierge, vous êtes sainte, oh ! mettez-lui dans l'âme
Candeur et pureté !
Mais j'aurais dit tout bas : Vierge, vous êtes femme,
Donnez-lui la beauté !

Merci, vous m'exaucez, ma fille est déjà belle !
Je l'admire et j'attends.
Tout germe, tout sourit, et tout est frais en elle
Et couleur du printemps.
Bouche en fleur, peau de soie, à la teinte vermeille,
Longs yeux noirs et jolis,
Tout est dans ce berceau : n'est-ce pas la corbeille
Où fleurit mon beau lis !

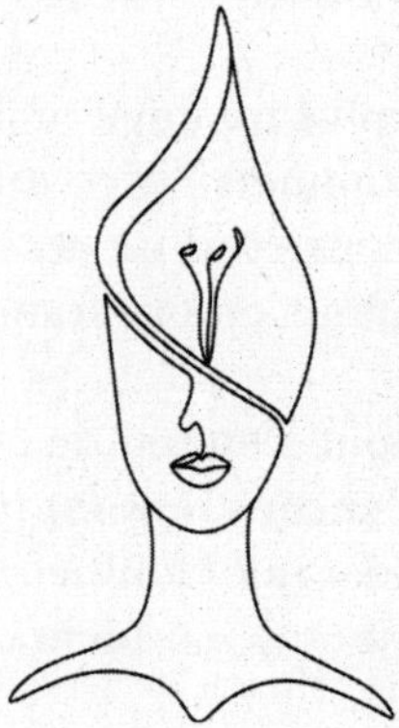

AU FIANCÉ !

Isabelle Kaiser (1892)

Quand le flot va rouler l'épave sur la plage
Le vent ne trahit pas son ténébreux dessein :
Or, son cœur s'est fermé comme un frais coquillage
Et la perle de nacre a roulé dans ton sein.

Le deuil est un mineur et lui seul peut extraire
Tout le filon d'or pur dans un cœur contenu :
C'est ton bonheur naissant qui fit de Toi mon frère,
Mais c'est dans la douleur que je t'ai reconnu.

Du vallon de ton rêve un ange mort t'exile,
Dès lors vers les sommets dirige ton orgueil,
La porte du bonheur est d'un accès facile :
Tous les petits enfants en ont franchi le seuil.

Ta chapelle d'amour s'emplit de crépuscule
Mais le parfum d'encens ne s'est point dissipé ;
Tu n'es pas le soldat qui faiblit et recule
Quand la balle ennemie en plein cœur l'a frappé.

Ton courage est viril et ta pensée est haute,
Tu gardes le meilleur du trésor qu'on t'a pris,
Sois donc le naufragé rejeté vers la côte
Qui se taille un radeau dans les mornes débris.

Dompte intrépidement les vagues de la vie,
Tu seras le berger de ces fougueux troupeaux,
Et tes yeux, dominant cette mer asservie,
Verront surgir un soir une île de repos.

Dresse sur ton chemin la croix de l'amour rare
Comme les paladins arboraient leur pennon :
Ta vie est la colonne en marbre de Carrare
Où le sculpteur divin incrustera Son nom !

Tu ne connaîtras pas l'amour dans sa faiblesse,
Ni ses plaisirs sacrés, ni ses ardents flambeaux,
L'amour qui t'appartient est drapé de noblesse
Et soulève en vainqueur la pierre des tombeaux.

Un suprême bluet fleurit sous la faucille,
Le soleil de l'Enfant a rejailli sur toi :
Tu ne seras jamais sans foyer, sans famille,
Tant qu'une étoile encor brille sur notre toit.

Laisse les vains regrets se briser à ta porte,
Dans les cyprès en deuil, laisse gémir le vent :
Si l'on dit sous les pleurs : « La Bien-aimée est morte ! »
Réponds en souriant : « Et l'Amour est vivant ! »

PREMIER AMOUR

Isabelle Kaiser (1892)

L'encens d'amour n'est point une vaine fumée :
De loin, pieusement, Elle fut très aimée ;
On rêvait de cueillir la rose de Saron.
Elle était étrangère à ce monde où nous sommes,
Rien qu'à la voir passer, les plus fiers jeunes
[hommes
Devant Elle courbaient le front !

Elle marchait toujours au sein de ces hommages
En suivant l'astre d'or, ainsi que les rois Mages,
Et n'émietta jamais le pain blanc de l'amour ;
Mais sut garder son cœur intact comme une
[source
Où des anges lassés de leur terrestre course
Se désaltéraient tour à tour.

Voici l'Élu ! l'esprit altier, le cœur fidèle,
Luttant comme un Croisé pour cette citadelle
Et transformant l'amour en lampe d'Aladin ;
Et quand il se livra, miraculeux trophée,
Ce cœur de vierge ouvrit, comme un palais de fée,
Les portes d'or de son jardin !

Ce n'étaient que lilas, ardentes giroflées,
Plantes de l'Orient, de leur sève gonflées,
Sentiers que n'effleura jamais un pied mortel
Dans ce jardin voilé de paix et de mystère,
Où les lys blancs plus purs que les lys de la terre
Étaient dignes d'orner l'autel !

Et tandis qu'ils allaient, les deux mains enlacées,
Perdus dans l'île d'or des âmes fiancées
Cueillir dans cet Eden le bouquet le plus beau,
Un ange qui passait en referma la porte,
Moissonna pour le ciel le printemps de la Morte
Et mit les lys sur son tombeau !

ANNIVERSAIRE

Isabelle Kaiser (1890)

Mon frère endormi sous la pierre
Aurait aujourd'hui vingt-quatre ans,
Et des pleurs mouillent ma paupière…
Je songe à ses beaux yeux mourants.

De combien de charmes cet âge
Ne l'aurait-il pas couronné ?
Il n'eut que la mort en partage…
Je songe à l'épi condamné !

T'aura-t-on fêté sous la tombe,
Dis-moi, mon frère bien-aimé ?
Où donc es-tu, blanche colombe ?...
Je songe à ton cercueil fermé !

Ton tertre est recouvert de roses,
Peux-tu jouir de leurs parfums
Doux, moins doux que tes lèvres closes ?
Je songe à tes étés défunts !...

Un jour, j'ai cru te reconnaître
Sur un noble front de vingt ans,
Il me semblait te voir renaître…
Je songe au retour du printemps !

Mais ce ne fut qu'une chimère,
Va, nul ne t'aura remplacé,
Fils aîné de ma douce mère…
Je songe à mon rêve blessé !

Là-haut, dans le ciel des étoiles,
De nous, te souvient-il encor ?
Soulèves-tu parfois tes voiles ?...
Je songe au vol des astres d'or !

Vois-tu, dans un cristal sonore,
Là-haut tomber nos pleurs amers,
Sais-tu que nous t'aimons encore ?
Je songe à l'infini des mers !

Parmi les âmes que tu cueilles,
Pour ta gerbe, ô prends-moi, mon Dieu !
Je rêve à la chute des feuilles…
Je songe au revoir sans adieu !

Frère, bravant la loi sévère,
Tu vis dans nos cœurs fraternels,
Chaque âme gravit un Calvaire…
Je songe aux amours éternels !

SI JE N'AIMAIS QUE TOI EN TOI

Anna de Noailles (1924)

Si je n'aimais que toi en toi
Je guérirais de ton visage,
Je guérirais bien de ta voix
Qui m'émeut comme lorsqu'on voit,
Dans le nocturne paysage,
La lune énigmatique et sage,
Qui nous étonne chaque fois.

– Si c'était toi par qui je rêve,
Toi vraiment seul, toi seulement,
J'observerais tranquillement
Ce clair contour, cette âme brève
Qui te commence et qui t'achève.

Mais à cause de nos regards,
À cause de l'insaisissable,
À cause de tous les hasards,
Je suis parmi toi haute et stable
Comme le palmier dans les sables ;

Nous sommes désormais égaux,
Tout nous joint, rien ne nous sépare,
Je te choisis si je compare ;
– C'est toi le riche et moi l'avare,

C'est toi le chant et moi l'écho,
Et t'ayant comblé de moi-même,
Ô visage par qui je meurs,
Rêves, désirs, parfums, rumeurs,
Est-ce toi ou bien moi que j'aime ?

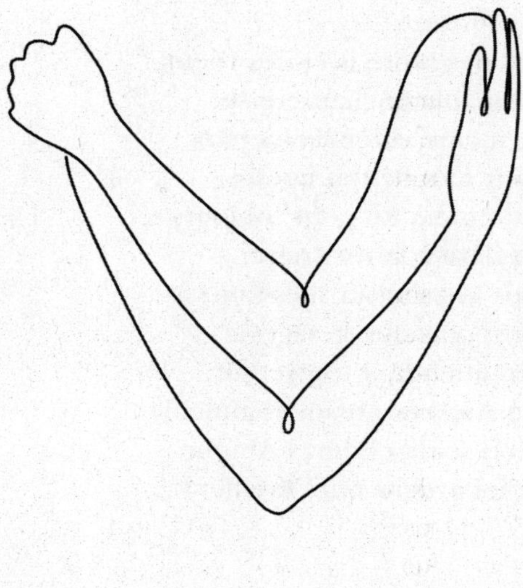

À LA FOLIE

Fanny de Beauharnais (1772)

Charme des Mortels et des Dieux,
Folie, aimable enchanteresse,
Tu sais même embellir les jeux :
Le plaisir naît de ton ivresse.
Je me donne à toi pour toujours :
Je te préfère à la tendresse.
Répands la gaîté sur mes jours ;
Et j'aurai plus que la sagesse.
C'est en attendant ton retour,
Que les pauvres Amans sommeillent,
Ta raison seule endort l'Amour :
Ce fait tes grelots qui l'éveillent.

À L'AMOUR

Marceline Desbordes-Valmore (1830)

Reprends de ce bouquet les trompeuses couleurs,
Ces lettres qui font mon supplice,
Ce portrait qui fut ton complice ;
Il te ressemble, il rit, tout baigné de mes pleurs.

Je te rends ce trésor funeste,
Ce froid témoin de mon affreux ennui :
Ton souvenir brûlant que je déteste,
Sera bientôt froid comme lui.

Oh ! reprends tout. Si ma main tremble encore,
C'est que j'ai cru le voir sous ces traits que j'abhorre.
Oui, j'ai cru rencontrer le regard d'un trompeur ;
Ce fantôme a troublé mon courage timide.
Ciel ! on peut donc mourir à l'aspect d'un perfide,
Si son ombre fait tant de peur !

Comme ces feux errants dont le reflet égare,
La flamme de ses yeux a passé devant moi ;
Je rougis d'oublier qu'enfin tout nous sépare ;
Mais je n'en rougis que pour toi.
Que ces froids sentiments s'expriment avec peine !
Amour, que je te hais de m'apprendre la haine !

Éloigne-toi, reprends ces trompeuses couleurs,
Ces lettres qui font mon supplice,
Ce portrait qui fut ton complice,
Il te ressemble, il rit, tout baigné de mes pleurs.

Cache au moins ma colère au cruel qui t'envoie !
Dis que j'ai tout brisé, sans larmes, sans efforts !
En lui peignant mes douloureux transports,
Tu lui donnerais trop de joie.
Reprends aussi, reprends les écrits dangereux,
Où, cachant sous des fleurs son premier artifice,
Il voulut essayer sa cruauté novice
Sur un cœur simple et malheureux.
Quand tu voudras encore égarer l'innocence,
Quand tu voudras voir brûler et languir,
Quand tu voudras faire aimer et mourir,
N'emprunte pas d'autre éloquence.
L'art de séduire est là, comme il est dans son cœur !
Va, tu n'as plus besoin d'étude.
Sois léger par penchant, ingrat par habitude ;
Donne la fièvre, Amour, et garde ta froideur.

Ne change rien aux aveux pleins de charmes
Dont la magie entraîne au désespoir :
Tu peux de chaque mot calculer le pouvoir,
Et choisir ceux encore imprégnés de mes larmes.
Il n'ose me répondre, il s'envole… il est loin.
Puisse-t-il d'un ingrat éterniser l'absence !
Il faudrait par fierté sourire en sa présence ;
J'aime mieux mourir sans témoin.

Il ne reviendra plus, il sait que je l'abhorre.
Je l'ai dit à l'Amour, qui déjà s'est enfui.
S'il osait revenir, je le dirais encore.
Mais on approche, on parle… Hélas ! ce n'est pas lui !

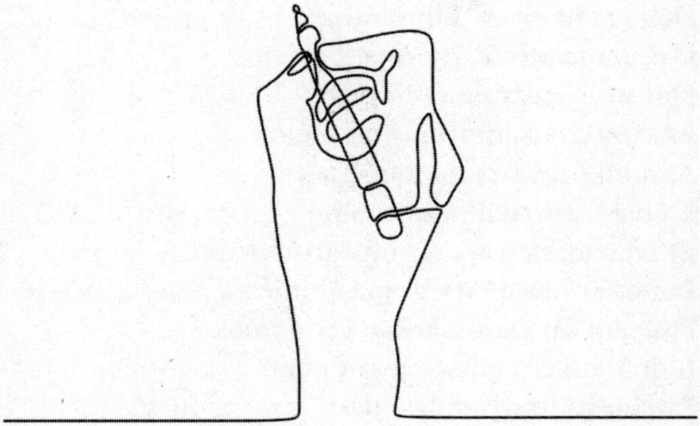

À UN IRRÉSOLU

Fanny de Beauharnais (1772)

Entre le sentiment et l'art,
Malheureux celui qui balance !
Un tel amant n'est qu'un vieillard,
Plus près qu'il ne croit de l'enfance.
Cœurs languissants, tristes humains,
Il vous faut des beautés factices.
Pour ranimer vos goûts éteints,
Vous avez besoin d'artifices.
Voyez mourir votre bonheur,
Débile enfant de l'imposture :
C'est la faiblesse, ou c'est l'erreur,
Qui vous enlève à la Nature.
La constance, qui vous fait peur,
À sa loi toujours me ramène :
L'âme forte tient à sa chaîne ;
Et ce seul bien n'est point trompeur.
Le reste, hélas ! n'est que chimère.
Pour qu'un Dieu jouisse à son tour,
Il doit aimer comme il sait plaire :
Psyché suffisait à l'Amour.

QU'EN AVEZ-VOUS FAIT ?

Marceline Desbordes-Valmore (1839)

Vous aviez mon cœur,
Moi, j'avais le vôtre :
Un cœur pour un cœur ;
Bonheur pour bonheur !

Le vôtre est rendu,
Je n'en ai plus d'autre ;
Le vôtre est rendu,
Le mien est perdu !

La feuille et la fleur
Et le fruit lui-même,
La feuille et la fleur,
L'encens, la couleur :

Qu'en avez-vous fait,
Mon maître suprême ?
Qu'en avez-vous fait,
De ce doux bienfait ?

Comme un pauvre enfant
Quitté par sa mère,
Comme un pauvre enfant
Que rien ne défend,

Vous me laissez là,
Dans ma vie amère ;
Vous me laissez là,
Et Dieu voit cela !

Savez-vous qu'un jour
L'homme est seul au monde ?
Savez-vous qu'un jour
Il revoit l'amour ?

Vous appellerez,
Sans qu'on vous réponde ;
Vous appellerez,
Et vous songerez !...

Vous viendrez rêvant
Sonner à ma porte ;
Ami comme avant,
Vous viendrez rêvant.

Et l'on vous dira :
« Personne !... elle est morte. »
On vous le dira ;
Mais qui vous plaindra ?

LES SÉPARÉS

Marceline Desbordes-Valmore (1860)

N'écris pas ! je suis triste, et je voudrais m'éteindre ;
Les beaux étés, sans toi, c'est l'amour sans flambeau.
J'ai refermé mes bras qui ne peuvent t'atteindre ;
Et frapper à mon cœur, c'est frapper au tombeau.
N'écris pas !

N'écris pas ! n'apprenons qu'à mourir à nous-mêmes.
Ne demande qu'à Dieu... qu'à toi si je t'aimais.
Au fond de ton silence écouter que tu m'aimes,
C'est entendre le ciel sans y monter jamais.
N'écris pas !

N'écris pas ! je te crains ; j'ai peur de ma mémoire ;
Elle a gardé ta voix qui m'appelle souvent.
Ne montre pas l'eau vive à qui ne peut la boire.
Une chère écriture est un portrait vivant.
N'écris pas !

N'écris pas ces doux mots que je n'ose plus lire :
Il semble que ta voix les répand sur mon cœur,
Que je les vois briller à travers ton sourire ;
Il semble qu'un baiser les empreint sur mon cœur.
N'écris pas !

LE TEMPS

LE TEMPS EST BREF ET MA VOLONTÉ GRANDE

Marguerite de Navarre (1521)

Le temps est bref et ma volonté grande,
Qui ne me veut permettre le penser ;
Ma passion me contraint et commande,
Selon le temps, le parler compenser.
Jusques ici j'ai craint de m'avancer,
En attendant un temps de long loisir,
Mais il n'est pas en moi de le choisir ;
Par quoi du peu faut que mon profit fasse :
En peu de mots vous dirai mon désir,
C'est que je n'ai volonté ni plaisir
Que d'être sûr de votre bonne grâce.

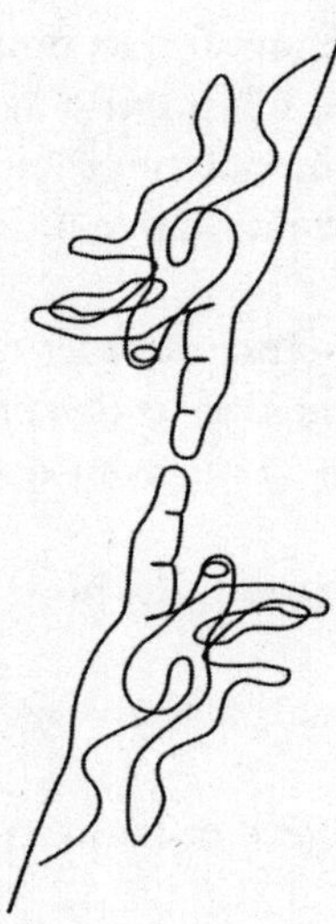

LE TEMPS

Jeanne Loiseau (1896)

Saisis du vain regret des grands songes antiques,
Parfois nous repeuplons nos Olympes déserts :
Erreur des aïeux morts hantant nos cœurs mystiques !
Le Temps, dernier des dieux, chancelle au sein des
[airs.

L'atome, obéissant aux forces despotiques,
Dans l'abîme infini n'a point d'âges divers ;
L'horloge suspendue aux éternels portiques
Marque une heure immuable à l'immense univers.

Le passé, l'avenir – inconstantes chimères –
Troublent par leurs aspects des êtres éphémères
Qui naquirent hier et périront demain.

Quel sens auraient ces mots pour la matière
[sombre,
Qui, soumise à jamais aux changements sans
[nombre,
N'a point eu d'origine et n'aura point de fin ?

L'HEURE

Isabelle Kaiser (1895)

Je reste là, blanche et soumise,
Guettant ta visite promise,
À travers l'espace et le temps…
Une aile invisible m'effleure :
Ton âme franchit ma demeure,
Et moi je veille et je t'attends.

J'écoute ta voix comme un psaume ;
Tu te blottis, mon cher fantôme,
Entre les bras que je te tends…
Le monde dort, la nuit me frôle…
Tu peux dormir sur mon épaule,
Puisque je veille et que j'attends.

Très loin de moi tu te dévoues.
Je chante, des pleurs sur les joues,
Mais je te vois, et tu m'entends…
Soudain tu pâlis, moi je tremble :
C'est l'heure où nous sommes ensemble
Lorsque je veille et que j'attends.

LE TEMPS DE VIVRE

Anna de Noailles (1901)

Déjà la vie ardente incline vers le soir,
Respire ta jeunesse,
Le temps est court qui va de la vigne au pressoir,
De l'aube au jour qui baisse,

Garde ton âme ouverte aux parfums d'alentour,
Aux mouvements de l'onde,
Aime l'effort, l'espoir, l'orgueil, aime l'amour,
C'est la chose profonde ;

Combien s'en sont allés de tous les cœurs vivants
Au séjour solitaire
Sans avoir bu le miel ni respiré le vent
Des matins de la terre,

Combien s'en sont allés qui ce soir sont pareils
Aux racines des ronces,
Et qui n'ont pas goûté la vie où le soleil
Se déploie et s'enfonce.

Ils n'ont pas répandu les essences et l'or
Dont leurs mains étaient pleines,
Les voici maintenant dans cette ombre où l'on dort
Sans rêve et sans haleine ;

– Toi, vis, sois innombrable à force de désirs
De frissons et d'extase,
Penche sur les chemins où l'homme doit servir
Ton âme comme un vase,

Mêlé aux jeux des jours, presse contre ton sein
La vie âpre et farouche ;
Que la joie et l'amour chantent comme un essaim
D'abeilles sur ta bouche.

Et puis regarde fuir, sans regret ni tourment
Les rives infidèles,
Ayant donné ton cœur et ton consentement
À la nuit éternelle.

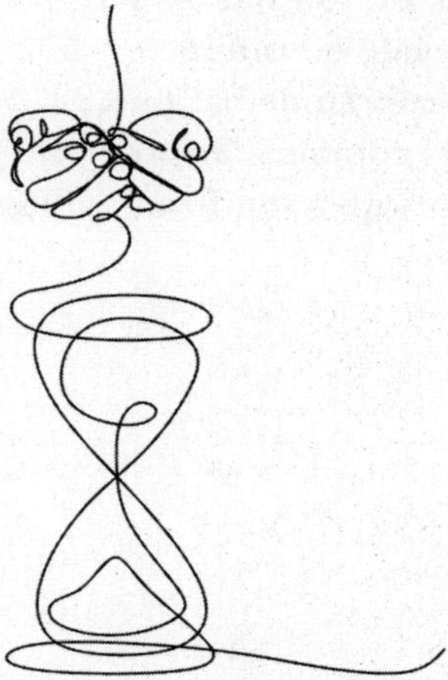

L'HORLOGE ARRÊTÉE

Marceline Desbordes-Valmore (1824)

Horloge d'où s'élançait l'heure
Vibrante en passant dans l'or pur,
Comme l'oiseau qui chante ou pleure
Dans un arbre où son nid est sûr,
Ton haleine égale et sonore
Dans le froid cadran ne bat plus :
Tout s'éteint-il comme l'aurore
Des beaux jours qu'à ton front j'ai lus ?

L'ENFANCE

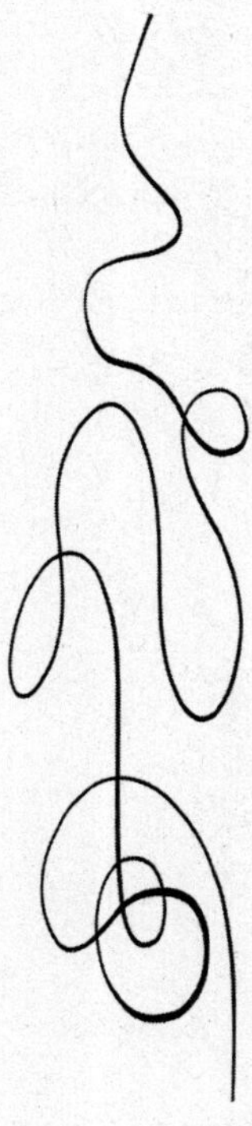

JEUNES FILLES

Sappho (VIIe et VIe siècles av. J.-C.)

Telle la pomme savoureuse,
Rouge au bout même de la branche,
Là-haut, sur la plus haute branche.
Ah ! les cueilleurs l'ont oubliée.
Non, ils ne l'ont pas oubliée,
Ils n'ont pas pu y arriver.
Monte la lune dans son plein,
Les filles autour de l'autel…
Ainsi jadis, d'un pied léger,
Dansaient les filles de la Crète,
Autour d'un autel bien-aimé.
La musique animant la fête,
Et du gazon elles foulaient
Les fleurs à la douceur si fraîche.
Les pois chiches dorés poussaient sur le rivage.
Le sommeil aux yeux noirs est venu sur leurs yeux.
Est devenu froid le cœur des colombes,
Leurs ailes se sont repliées.

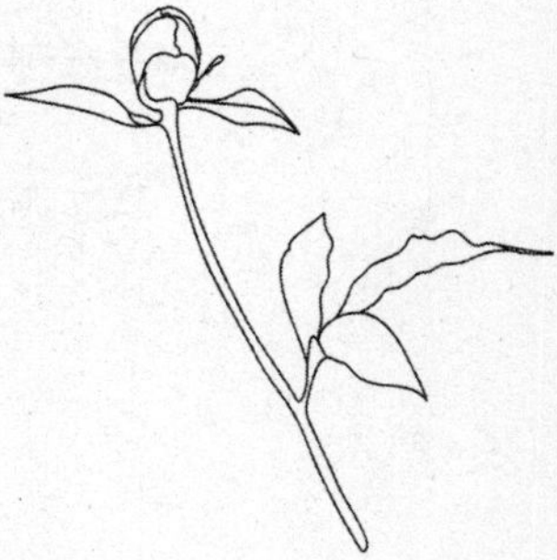

JE ME SOUVIENS...

Cécile Sauvage (1913)

Je me souviens de mon enfance
Et du silence où j'avais froid ;
J'ai tant senti peser sur moi
Le regard de l'indifférence.

Ô jeunesse, je te revois
Toute petite et repliée,
Assise et recueillant les voix
De ton âme presque oubliée.

ENFANT, PÂLE EMBRYON

Cécile Sauvage (1913)

Enfant, pâle embryon, toi qui dors dans les eaux
Comme un petit dieu mort dans un cercueil de
[verre.
Tu goûtes maintenant l'existence légère
Du poisson qui somnole au-dessous des roseaux.

Tu vis comme la plante, et ton inconscience
Est un lis entr'ouvert qui n'a que sa candeur
Et qui ne sait pas même à quelle profondeur
Dans le sein de la terre il puise sa substance.

Douce fleur sans abeille et sans rosée au front,
Ma sève te parcourt et te prête son âme ;
Cependant l'étendue avare te réclame
Et te fait tressaillir dans mon petit giron.

Tu ne sais pas combien ta chair a mis de fibres
Dans le sol maternel et jeune de ma chair
Et jamais ton regard que je pressens si clair
N'apprendra ce mystère innocent dans les livres.

Qui peut dire comment je te serre de près ?
Tu m'appartiens ainsi que l'aurore à la plaine,
Autour de toi ma vie est une chaude laine
Où tes membres frileux poussent dans le secret.

Je suis autour de toi comme l'amande verte
Qui ferme son écrin sur l'amandon laiteux,
Comme la cosse molle aux replis cotonneux
Dont la graine enfantine et soyeuse est couverte.

La larme qui me monte aux yeux, tu la connais,
Elle a le goût profond de mon sang sur tes lèvres,
Tu sais quelles ferveurs, quelles brûlantes fièvres
Déchaînent dans ma veine un torrent acharné.

Je vois tes bras monter jusqu'à ma nuit obscure
Comme pour caresser ce que j'ai d'ignoré,
Ce point si douloureux où l'être resserré
Sent qu'il est étranger à toute la nature.

Écoute, maintenant que tu m'entends encor,
Imprime dans mon sein ta bouche puérile,
Réponds à mon amour avec ta chair docile
Quel autre enlacement me paraîtra plus fort ?

Les jours que je vivrai isolée et sans flamme,
Quand tu seras un homme et moins vivant pour moi,
Je reverrai les temps où j'étais avec toi,
Lorsque nous étions deux à jouer dans mon âme.

Car nous jouons parfois. Je te donne mon cœur
Comme un joyau vibrant qui contient des chimères,
Je te donne mes yeux où des images claires
Rament languissamment sur un lac de fraîcheur.

Ce sont des cygnes d'or qui semblent des navires,
Des nymphes de la nuit qui se posent sur l'eau.
La lune sur leur front incline son chapeau
Et ce n'est que pour toi qu'elles ont des sourires.

Aussi, quand tu feras plus tard tes premiers pas,
La rose, le soleil, l'arbre, la tourterelle,
Auront pour le regard de ta grâce nouvelle
Des gestes familiers que tu reconnaîtras.

Mais tu ne sauras plus sur quelles blondes rives
De gros poissons d'argent t'apportaient des anneaux
Ni sur quelle prairie intime des agneaux
Faisaient bondir l'ardeur de leurs pattes naïves.

Car jamais plus mon cœur qui parle avec le tien
Cette langue muette et chaude des pensées
Ne pourra renouer l'étreinte délacée :
L'aurore ne sait pas de quelle ombre elle vient.

Non, tu ne sauras pas quelle Vénus candide
Déposa dans ton sang la flamme du baiser,
L'angoisse du mystère où l'art va se briser,
Et ce goût de nourrir un désespoir timide.

Tu ne sauras plus rien de moi, le jour fatal
Où tu t'élanceras dans l'existence rude,
Ô mon petit miroir qui vois ma solitude
Se pencher anxieuse au bord de ton cristal.

À CELUI OU CELLE QUI VIENDRA

Jeanne Loiseau (1884)

(À toi, petite Georgette,
quelques jours avant ta naissance.)

Toi qui vas naître, enfant, fragile et douce chose,
Aube qui n'as point lui, fleur qui n'es point éclose,
Incertain et charmant trésor,
À ton éveil, je veux que mes rimes fidèles
Palpitent sur ton front avec des frissons d'ailes,
Comme un essaim d'abeilles d'or.

Hélas ! elles n'ont pas le pouvoir de ces fées
Qui paraissaient soudain, d'une étoile coiffées,
Aux jours fabuleux d'autrefois,
Et qui, d'un geste lent de leurs mains gracieuses,
Faisaient pleuvoir en dons leurs faveurs précieuses
Sur les berceaux des fils de rois.

Elles n'ont pas surtout, dans leur vain bruit qui
[charme,
L'émoi délicieux de ta première larme,
Ni l'accent de ton premier cri.
Comparant à ta voix, qu'elle brûle d'entendre,
Leurs longs rythmes pesants, ta mère heureuse et
[tendre
De pitié sans doute a souri.

Qu'elles aillent pourtant chanter ta bienvenue !
Qu'elles prennent leur vol sur la route inconnue
Où descendront tes pas tremblants !
Elles seront pour toi d'un bienfaisant présage,
Et leur souffle, la nuit, baisera ton visage,
Sous tes rideaux légers et blancs.

Elles diront, enfant, par leur grâce éphémère,
À cette enfant tout près de devenir ta mère,
Que les amis des premiers ans,
Quand on sut les aimer fidèlement, comme elle,
Pour les grouper ensuite autour d'un berceau frêle,
Sont les plus riches des présents.

Elle est la fée, enfant : c'est elle qui te donne
Les vieilles amitiés, rayonnante couronne
De son joli front confiant.
Dans ce monde où tu viens, rien ne vaut la
[tendresse.
Tes yeux purs s'ouvriront sous la chaude caresse
De notre amour vivifiant.

Viens, tout est prêt pour toi, petit hôte candide :
Nos cœurs et nos baisers, et ta couchette vide,
Qui rit dans l'appartement clair ;
Les mignons vêtements de batiste et de soie,
Et les larges rubans dont le tissu chatoie,
Bleu d'azur ou rose de chair.

Devant ces doux objets, l'œil se trouble et se mouille,
Mon vers ému se tait. L'oiselet qui gazouille
Encor manque au nid triomphant.
Les vœux montent du cœur à la lèvre qui tremble…
Sois fort, sois bon, sois simple et sois fier tout
[ensemble,
Et sois heureux, petit enfant !

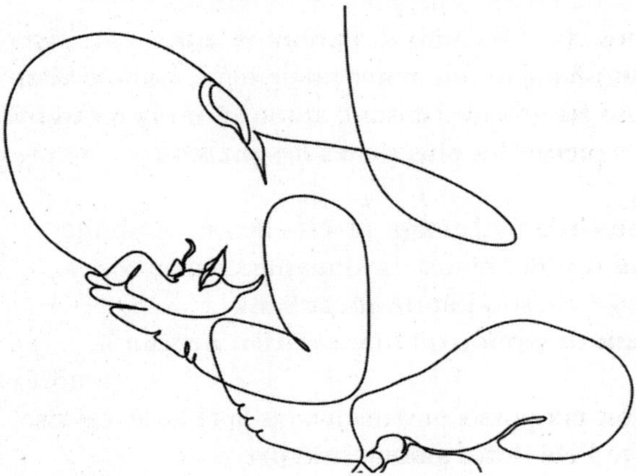

LA JEUNESSE

Anna de Noailles (1901)

Tout le plaisir de vivre est tenu dans vos mains,
Ô Jeunesse joyeuse, ardente, printanière,
Autour de qui tournoie l'emportement humain
Comme une abeille autour d'une branche fruitière.

Vous courez dans les champs, et le vol d'un pigeon
Fait plus d'ombre que vous sur l'herbe soleilleuse.
Vos yeux sont verdoyants, pareils à deux bourgeons,
Vos pieds ont la douceur des feuilles cotonneuses.

Vous habitez le tronc fécond des cerisiers
Qui reposent sur l'air leurs pesantes ramures,
Votre cœur est léger comme un panier d'osier
Plein de pétales vifs, de tiges et de mûres.

C'est par vous que l'air joue et que le matin rit,
Que l'eau laborieuse ou dolente s'éclaire,
Et que les cœurs sont comme un jardin qui fleurit
Avec ses amandiers et ses roses trémières !

C'est par vous que l'on est vivace et glorieux,
Que l'espoir est entier comme la lune ronde,
Et que là bonne odeur du jour d'été joyeux
Pénètre largement la poitrine profonde !

C'est par vous que l'on est incessamment mêlé
À la chaude, odorante et bruyante nature,
Qu'on est fertile ainsi qu'un champ d'orge et de blé
Beau comme le matin et comme la verdure.

Ah ! jeunesse, pourquoi faut-il que vous passiez
Et que nous demeurions pleins d'ennuis et pleins
[d'âge,
Comme un arbre qui vit sans lierre et sans rosier,
Qui souffre sur la route et ne fait plus d'ombrage…

ÂME ET JEUNESSE

Marceline Desbordes-Valmore (1843)

Puisque de l'enfance envolée
    Le rêve blanc,
Comme l'oiseau dans la vallée,
    Fuit d'un élan ;
Puisque mon auteur adorable
    Me fait errer
Sur la terre où rien n'est durable
    Que d'espérer ;

À moi jeunesse, abeille blonde
    Aux ailes d'or !
Prenez une âme, et par le monde,
    Prenons l'essor ;
Avançons, l'une emportant l'autre,
    Lumière et fleur,
Vous sur ma foi, moi sur la vôtre,
    Vers le bonheur !

Vous êtes, belle enfant, ma robe,
Perles et fil,
Le fin voile où je me dérobe
Dans mon exil.
Comme la mésange s'appuie
Au vert roseau,
Vous êtes le soutien qui plie ;
Je suis l'oiseau !

Bouquets défaits, tête penchée,
Du soir au jour,
Jeunesse ! On vous dirait fâchée
Contre l'amour.
L'amour luit d'orage en orage ;
Il faut souvent
Pour l'aborder bien du courage
Contre le vent !

L'amour c'est Dieu, jeunesse aimée !
Oh ! N'allez pas,
Pour trouver sa trace enflammée,
Chercher en bas :
En bas tout se corrompt, tout tombe,
Roses et miel ;
Les couronnes vont à la tombe,
L'amour au ciel !
Dans peu, bien peu, j'aurai beau faire :
Chemin courant,
Nous prendrons un chemin contraire,
En nous pleurant.
Vous habillerez une autre âme
Qui descendra,
Et toujours l'éternelle flamme
Vous nourrira !

Vous irez où va chanter l'heure,
Volant toujours ;
Vous irez où va l'eau qui pleure,
Où vont les jours ;
Jeunesse ! Vous irez dansante
À qui rira,
Quand la vieillesse pâlissante
M'enfermera !

FLEUR D'ENFANCE

Marceline Desbordes-Valmore (1819)

L'haleine d'une fleur sauvage,
En passant tout près de mon cœur,
Vient de m'emporter au rivage,
Où naguère aussi j'étais fleur.
Comme au fond d'un prisme où tout change,
Où tout se relève à mes yeux,
Je vois un enfant aux yeux d'ange :
C'était mon petit amoureux !

Parfum de sa neuvième année,
Je respire encor ton pouvoir !
Fleur à mon enfance donnée,
Je t'aime ! comme son miroir !
Nos jours ont séparé leur trame,
Mais tu me rappelles ses yeux ;
J'y regardais flotter mon âme :
C'était mon petit amoureux !

De blonds cheveux en auréole,
Un regard tout voilé d'azur,
Une brève et tendre parole,
Voilà son portrait jeune et pur.
Au seuil de ma pauvre chaumière
Quand il se sauvait de ses jeux,
Que ma petite âme était fière ;
C'était mon petit amoureux !

Cette ombre qui joue à ma rive
Et se rapproche au moindre bruit,
Me suit, comme un filet d'eau vive,
À travers mon sentier détruit ;
Chaste, elle me laisse autour d'elle
Enlacer un chant douloureux.
Hélas ! ma seule ombre fidèle,
C'est vous ! mon petit amoureux !

Femme ! à qui ses lèvres timides
Ont dit ce qu'il semblait penser,
Au temps où nos lèvres humides
Se rencontraient sans se presser,
Vous ! qui fûtes son doux Messie,
L'avez-vous rendu bien heureux ?
Du cœur je vous en remercie :
C'était mon petit amoureux !

LA NATURE

NOCTURNES

Sappho (VIIe et VIe siècles av. J.-C.)

Étoile du soir, ô toi qui ramènes
Ce qu'a dispersé le clair jour naissant,
Voici que chèvre et brebis tu ramènes,
Et à la mère son enfant.
L'eau fraîche murmure à l'entour,
Parmi les pommiers parfumés,
Et des feuilles où le vent court,
Le sommeil pour nous a glissé.
Les étoiles, autour de la splendeur lunaire,
Cachent à nouveau leur clarté
Lorsque d'un vif éclat elle revient briller,
En son plein, au-dessus de l'ombre de la Terre.
La lune s'est couchée,
Les Pléiades aussi.
Il est minuit, l'heure est passée,
Je suis seule étendue ici.
Le rossignol charmeur annonce le printemps.

L'AUTOMNE

Alice de Chambrier (1880)

L'automne nous arrive, et la nature entière
Voyant, sombre et muet, son tombeau se rouvrir,
Comprend qu'elle est tout près de son heure
[dernière
Et, le cœur désolé, se prépare à mourir.

Mais si d'après nos lois il faut qu'elle succombe,
Elle ne dira pas qu'elle se sent faiblir
Et, radieuse, un jour descendra dans la tombe,
Sans que nos yeux aient vu son visage pâlir.

Car toute la nature en sa splendeur est femme,
Elle veut être belle à l'heure de la mort,
Elle veut emporter les regrets de notre âme,
Elle veut qu'ici-bas nous pleurions sur son sort.

C'est pourquoi, lorsque vient languissante l'automne
Elle met un manteau tissé de pourpre et d'or
Et pose sur sa tête une triple couronne
Dont les feux rayonnants la grandissent encor.

Sa robe de topaze étincelle, émaillée
De mille diamants aussi purs que des pleurs,
Et de ses blanches mains, tristement effeuillées
On voit se détacher des corolles de fleurs.

Alors, à l'horizon devenu grave et sombre,
S'élève tout à coup la voix de l'aquilon ;
Il sort en bondissant des abîmes de l'ombre,
Dissimulant la mort sous son noir tourbillon.

Il s'approche rapide, et la nature tremble,
Car elle connaît trop ce hurlement lointain
Et sait que l'ennemi contre elle se rassemble,
Que le trépas est près, et qu'il est son destin.

Et durant une nuit, quand le monde, tranquille,
Repose doucement en un calme sommeil,
Dans son tombeau béant elle glisse immobile…
Et l'hiver nous salue à l'heure du réveil.

MAISON ABANDONNÉE

Alice de Chambrier (1880)

Eux sont loin maintenant, et le logis demeure.
On dit qu'il est humide et par le temps miné :
Nul n'a compris, hélas ! qu'il se désole et pleure
Tous les êtres chéris qui l'ont abandonné.

Un lierre l'a couvert d'un manteau de verdure,
Comme pour en voiler l'éternelle douleur ;
Nul œil indifférent ne doit voir la blessure
Qui ronge lentement la maison jusqu'au cœur.

Et souvent, dans les nuits où souffle la tempête,
Lorsque le vent s'attaque à ses murs crevassés,
La maison sent la mort qui passe sur sa tête
Et se dit que peut-être elle a souffert assez...

Quelquefois, cependant, l'abandonnée espère
Qu'ils n'ont pas oublié, qu'ils reviendront un jour,
Et voyant sous le vent trembler l'herbe légère :
« Les voilà, pense-t-elle, enfin c'est le retour ! »

Mais le jour a passé, déjà le soir est proche ;
Personne n'est venu, ce n'était rien encor.
De l'angelus au loin, grave, tinte la cloche,
Et la vieille maison pleure son bonheur mort.

Puisque ceux qu'elle aimait déjà l'ont oubliée,
Puisqu'ils ne songent plus au vieux foyer noirci
Dont la vie à la leur est à jamais liée,
Le reste des mortels peut l'oublier aussi.

Elle n'abritera désormais plus personne
Et demeurera seule avec leur souvenir,
Car elle ne veut pas qu'un autre pas résonne
Aux lieux où son amour n'a pu les retenir.

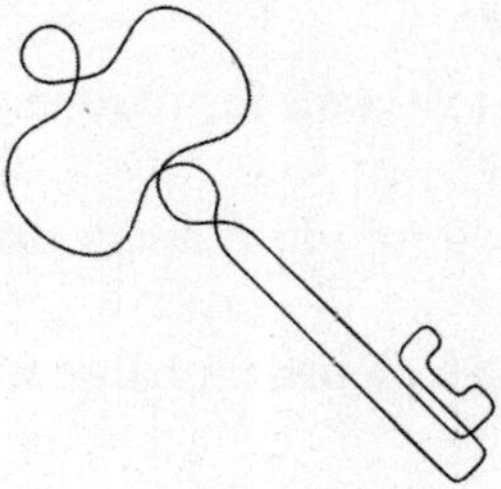

SÉRÉNADE PRINTANIÈRE

Augusta Holmès (1893)

Hier comme aujourd'hui, ce soir comme demain,
Je t'adore !
Quand je vois ton regard, quand je frôle ta main,
C'est l'aurore !
Qui donc nous avait dit que le monde est méchant,
Que l'on souffre,
Que la vie est un pont qui tremble, se penchant
Sur un gouffre ?
Où donc sont les ennuis, les erreurs, les dangers,
Les désastres ?
Avril gazouille et rit dans les tendres vergers
Fleuris d'astres !
Le sombre hiver a fui ; le radieux printemps
Nous délivre.
Viens mêler à mes pleurs tes baisers haletants ;
Je veux vivre !
Nos cœurs sont confondus, nos âmes pour toujours
Sont unies ;
Nous avons épelé le livre des amours
Infinies !
Et je ne vois plus rien que l'éclair de tes yeux
Pleins de fièvres…
Viens ! je veux soupirer les suprêmes aveux
Sur tes lèvres !...

FUITE D'AUTOMNE

Cécile Sauvage (1910)

Sors de ta chrysalide, ô mon âme, voici
L'Automne. Un long baiser du soleil a roussi
Les étangs ; les lointains sont vermeils de feuillage,
Le flexible arc-en-ciel a retenu l'orage
Sur sa voûte où se fond la clarté d'un vitrail ;
La brume des terrains rôde autour du bétail
Et parfois le soleil que le brouillard efface
Est rond comme la lune aux marges de l'espace.
Mon âme, sors de l'ombre épaisse de ta chair

C'est le temps dans les prés où le silence est clair,
Où le vent, suspendant son aile de froidure,
Berce dans les rameaux un rêve d'aventure
Et fait choir en jouant avec ses doigts bourrus
La feuille jaune autour des peupliers pointus.
La libellule vole avec un cri d'automne
Dans ses réseaux cassants ; la brebis monotone
À l'enrouement fêlé des branches dans la voix ;
La lumière en faisceaux bruine sur les bois.
Mon âme en robe d'or faite de feuilles mortes
Se donne au tourbillon que la rafale apporte
Et chavire au soleil sur la pointe du pied
Plus vive qu'en avril le sauvage églantier ;
Cependant que de loin elle voit sur la porte,
Écoutant jusqu'au seuil rouler des feuilles mortes,
Mon pauvre corps courbé dans son châle d'hiver.
Et mon âme se sent étrangère à ma chair.
Pourtant, docilement, lorsque les vitres closes
Refléteront au soir la fleur des lampes roses,
Elle regagnera le masque familier,
Et, servante modeste avec un tablier,
Elle trottinera dans les chambres amères
En retenant des mains le sanglot des chimères.

NATURE LAISSE-MOI ...

Cécile Sauvage (1910)

Nature, laisse-moi me mêler à ta fange,
M'enfoncer dans la terre où la racine mange,
Où la sève montante est pareille à mon sang.
Je suis comme ton monde où fauche le croissant
Et sous le baiser dru du soleil qui ruisselle,
J'ai le frisson luisant de ton herbe nouvelle.
Tes oiseaux sont éclos dans le nid de mon cœur,
J'ai dans la chair le goût précis de ta saveur,
Je marche à ton pas rond qui tourne dans la sphère,
Je suis lourde de glèbe, et la branche légère
Me prête sur l'azur son geste aérien.
Mon flanc s'appesantit de germes sur le tien.
Oh ! laisse que tes fleurs s'élevant des ravines
Attachent à mon sein leurs lèvres enfantines
Pour prendre part au lait de mes fils nourrissons ;
Laisse qu'en regardant la prune des buissons
Je sente qu'elle est bleue entre les feuilles blondes
D'avoir sucé la vie à ma veine profonde.
Personne ne saura comme un fils né de moi
M'aura donné le sens de la terre et des bois,
Comment ce fruit de chair qui s'enfle de ma sève

Met en moi la lueur d'une aube qui se lève
Avec tous ses émois de rosée et d'oiseaux,
Avec l'étonnement des bourgeons, les réseaux
Qui percent sur la feuille ainsi qu'un doux squelette,
La corolle qui lisse au jour sa collerette,
Et la gousse laineuse où le grain ramassé
Ressemble à l'embryon dans la nuit caressé.
Enfant, abeille humaine au creux de l'alvéole,
Papillon au maillot de chrysalide molle,
Astre neuf incrusté sur un mortel azur !
Je suis comme le Dieu au geste bref et dur
Qui pour le premier jour façonna les étoiles
Et leur donna l'éclair et l'ardeur de ses moelles.
Je porte dans mon sein un monde en mouvement
Dont ma force a couvé les jeunes pépiements,
Qui sentira la mer battre dans ses artères,
Qui lèvera son front dans les ombres sévères
Et qui, fait du limon du jour et de la nuit,
Valsera dans l'éther comme un astre réduit.

PAYSAGE DE MAI

Jeanne Loiseau (1896)

Mai sourit, de rayons prodigue,
Sur les champs de jeunes blés verts,
Sur les prés, où l'œil se fatigue,
Ébloui par leurs tons divers.

Dans la touffe de trèfle rose
Éclate un bouton d'or en feu ;
La marguerite, large éclose,
Est auprès du liseron bleu.

De tous côtés la terre blonde
Se montre nette et de niveau,
N'attendant pour être féconde
Que le don d'un germe nouveau.

Au flanc des collines, barrière
Élevée à notre horizon,
Se creuse la blanche carrière,
D'où va naître quelque maison.

Le sentier poudreux se dessine,
Courbé par un bouquet de bois.
On sent un parfum d'aubépine,
On entend bruire des voix.

Et la campagne est solitaire ;
Ce chaud paysage d'été
Est plein du rêve et du mystère
De quelque monde inhabité.

Dans sa demeure close et fraîche,
Le paysan, les membres las,
Fuit un instant l'haleine sèche
Qui flétrit les derniers lilas.

Mais parmi l'herbe déliée
Où commence le sillon noir,
Une charrue est oubliée :
Voici la vie et le devoir.

SONGE D'ÉTÉ

Jeanne Loiseau (1896)

Sous les arbres verts, sous les arbres noirs,
Dans l'éclat du jour ou l'ombre des soirs,
J'aime errer sans trêve.
Parmi les rameaux emplis de chansons
Le vent passe et meurt en vagues frissons :
Je poursuis mon rêve.

Sous les taillis clairs où midi s'endort
Le soleil, jetant ses paillettes d'or,
Se brise en fusées ;
Et les moucherons dans ce flamboiement,
Ivres de chaleur, font un tournoiement
D'ailes irisées.

Mille insectes fins se cachent, tapis
Parmi les plis roux des anciens tapis
De frondaisons sèches ;
Car les étés morts, sous de bruns linceuls,
Dorment à jamais, oubliés et seuls,
Dans les sentes fraîches.

Sur le pied rugueux des chênes touffus
La mousse répand un reflet diffus
De pâle émeraude ;
Et sur quelques fleurs, par vols lents et lourds,
L'incertain bourdon au corps de velours
Étincelle et rôde.

Dans les flots mouvants des sommets houleux
Glissent par lambeaux les firmaments bleus,
Comme des prunelles ;
Et, lorsque tout bruit paraît s'endormir,
Même en ce silence on entend gémir
Des voix solennelles.

Dans les bras tordus des ronciers fleuris
La vive araignée au bout d'un fil gris
Voltige et circule ;
Mon esprit, lassé par de longs combats,
S'attendrit à suivre en ses vains ébats
L'être minuscule.

Alors, sans regret, sans peur, sans dessein,
J'écoute frémir, paisible en mon sein,
    L'éternelle vie ;
L'immense Nature, au fond des forêts,
Laisse pénétrer en ses doux secrets
    Mon âme ravie.

Atome pensif, j'entends l'Infini
Murmurer en moi son hymne béni
    Par la voix des choses.
Mon cœur n'a qu'un jour, mais dans son néant
Vient se refléter l'univers géant,
    Des soleils aux roses.

Sous les arbres verts, sous les arbres noirs,
Dans l'éclat du jour ou l'ombre des soirs,
    J'aime errer sans trêve.
Parmi les rameaux emplis de chansons
Le vent passe et meurt en vagues frissons :
    Je poursuis mon rêve.

LA RONCE

Isabelle Kaiser (SONNET DOUBLE - 1896)

I

La ronce, en ces temps-là, sur les bords du
[Jourdain,
Ne portait pas de fleurs, mais stérile et honnie,
Elle engendrait l'épine et glanait le dédain,
Lorsque Jésus la vit, venant de Béthanie.

Et pour la transplanter dans son divin jardin
Il voulut la mêler à sa gerbe bénie ;
Mais l'arbre-paria lui déchira la main,
Et son âme s'émut de pitiés infinies.

Et quand de sa blessure une goutte de sang
Tomba, on vit soudain l'arbuste frémissant
Se dresser et s'offrir en merveilleux spectacle.

Ses grands bras épineux tendus vers le ciel bleu ;
Et pour en couronner le front de l'Homme-Dieu
La ronce se couvrit des roses du miracle !

II

Ma vie, en ces temps-là, ne portait pas de roses :
Pauvre arbuste de deuil sous un ciel toujours noir,
Ce n'était qu'un fouillis d'inextricables choses
Étouffant dans son sein les bourgeons de l'espoir.

Mais tu vins à passer dans mes sentiers moroses,
Toi le Maître espéré, l'apôtre du devoir,
Quand le chant se mourait sur mes lèvres mi-closes ;
Et mes yeux fatigués s'ouvrirent pour te voir.

La ronce s'écarta pour te livrer passage,
Tu pleuras quand l'épine effleura ton visage ;
Mon être endolori tressaillit sons tes pleurs.

Et sous cette rosée inconnue et divine.
Mon âme s'entr'ouvrit ainsi qu'une églantine…
Et depuis ce jour-là ma vie est toute en fleurs !

RÉVEIL PRINTANIER

Isabelle Kaiser (1890)

De leur complainte monotone
Longtemps les vents avaient bercé
Mes espoirs d'or, feuilles d'automne
Des rameaux morts du cœur blessé.

Longtemps en moi les jours de neige
Qui tissent le linceul des fleurs,
Avaient déroulé leur cortège
Et tari la source des pleurs.

J'avais longtemps, lasse de vivre,
Dans l'infini froid des hivers,
Rêvé, près des blancheurs du givre,
Au repos sous les cyprès verts.

Et, pareil au rayon solaire
Qui sur le chemin parcouru
Ranime tout ce qu'il éclaire,
Voici, vous m'êtes apparu !

Sur les neiges vos boucles blondes
Ont ruisselé comme l'or pur,
Et dans le ciel et dans les ondes
Vos yeux bleus ont mis de l'azur.

Sous votre regard qui m'assiège
Doux, plus doux qu'un rayon d'avril,
Comme une chaste perce-neige
L'espérance revient d'exil ;

Et tels au printemps, dans la plaine,
Les ruisseaux s'échappent joyeux,
Au souffle pur de votre haleine
Les larmes coulent de mes yeux.

Comme la brise, les corolles,
Votre voix berce mon front las,
Et je respire en vos paroles
Le parfum lointain des lilas.

Pourtant, je ne veux pas, ô maître !
Qu'en moi, pour vous si noble et beau,
Un sentiment puisse renaître
Comme une fleur sur un tombeau ;

Mais, puisque l'ombre profonde
Je reviens au printemps perdu,
Soyez béni, partout au monde,
Ô vous qui me l'avez rendu !

PRINTEMPS PERDU

Isabelle Kaiser (1890)

Un ange a passé, mère, et je me sens renaître,
J'ai dormi bien longtemps,
O Dieu ! ce que je vois à travers la fenêtre
N'est-ce pas le printemps ?

Le printemps ! Mot rêveur que tout bas je m'étonne
De retrouver si beau,
Car j'ai cru, l'an passé, que les feuilles d'automne
Couvriraient mon tombeau.

Que je ne verrais plus danser les vertes teintes
Sur le flot écumant,
Et que mes yeux seraient deux étoiles éteintes
Au fond du firmament.

Voici, j'entends sonner les cloches de l'église ;
C'est l'heure du réveil,
Béni sois-tu, mon Dieu, mon vœu se réalise :
Je revois le soleil !

Ah ! fuyez loin de moi, noirs fantômes des fièvres,
Qui marchez à pas lents,
Et ne revenez plus pour effleurer mes lèvres
De vos souffles brûlants ;

Je bannis loin de moi les ombres du délire
Qui troublaient mon chemin,
Je veux entendre encor les cordes de la lyre
Sangloter sous ma main.

Je sens venir à moi la guérison prochaine
Par cet air printanier,
Du mal qui me dompta, je vais briser la chaîne
Ainsi qu'un prisonnier !

L'aurore me salue et sa clarté m'enivre
Qui fête mon retour,
Car, je reviens d'exil et je veux vivre, vivre
Pour chanter mon amour.

Dire à tous les échos que les limpides ondes
Ont l'azur de ses yeux,
Que les blés sont dorés comme les boucles blondes
De ses cheveux soyeux !

Ah ! qu'il m'importe peu de renaître à la vie
Sous les rayons de Mai,
S'ils ne te rendent pas à mon âme ravie
Toi que j'ai tant aimé !

Mère, je souffre encor, chaque bruit m'effarouche,
Soutenez mon front las,
Et pour le printemps me console et me touche
Cueillez-moi des lilas.

Écoutez, j'entends-là comme un battement d'aile
Bercé d'un chant vainqueur,
Je crois que, doucement, la première hirondelle
Fait son nid dans mon cœur.

Mais je n'ai plus de joie, et mon chant ne réclame
Qu'un peu d'ombre et d'oubli,
Puisque rien ne pourra ressusciter dans l'âme
L'amour enseveli.

Mon Dieu ! je ne peux plus voir fleurir les pervenches,
Il en a dans les yeux,
Oh ! laissez-moi bientôt ouvrir mes ailes blanches
Et m'enfuir dans les cieux !

Car il faut plus, Seigneur ! qu'une fleur embaumée
Pour guérir à vingt ans,
Le soleil, les lilas, lorsqu'on n'est plus aimée
Ce n'est pas le printemps !

SOIR D'ÉTÉ

Anna de Noailles (1901)

Une tendre langueur s'étire dans l'espace ;
Sens-tu monter vers toi l'odeur de l'herbe lasse ?
Le vent mouillé du soir attriste le jardin ;
L'eau frissonne et s'écaille aux vagues du bassin
Et les choses ont l'air d'être toutes peureuses ;
Une étrange saveur vient des tiges juteuses.
Ta main retient la mienne, et pourtant tu sens bien
Que le mal de mon rêve et la douceur du tien
Nous ont fait brusquement étrangers l'un à l'autre ;
Quel cœur inconscient et faible que le nôtre !...
Les feuilles qui jouaient dans les arbres ont froid
Vois-les se replier et trembler, l'ombre croît,
Ces fleurs ont un parfum aigu comme une lame…
Le douloureux passé se lève dans mon âme,
Et des fantômes chers marchent autour de toi.
L'hiver était meilleur, il me semble ; pourquoi
Faut-il que le printemps incessamment renaisse ?
Comme elle sera simple et brève, la jeunesse !...
Tout l'amour que l'on veut ne tient pas dans les
[mains ;
Il en reste toujours aux choses du chemin.
Viens, rentrons dans le calme obscur des chambres
[douces ;

Tu vois comme l'été durement nous repousse ;
Là-bas nous trouverons un peu de paix tous deux.
– Mais l'odeur de l'été reste dans tes cheveux
Et la langueur du jour en mon âme persiste :
Où pourrions-nous aller pour nous sentir moins
[tristes ?...

L'HIVER

Anna de Noailles (1901)

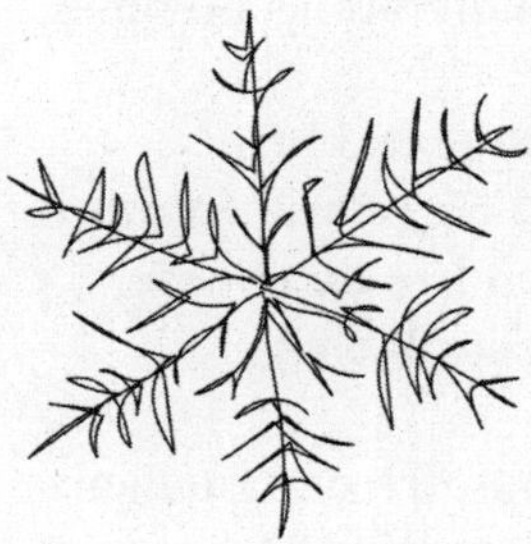

C'est l'hiver sans parfum ni chants.
Dans le pré, les brins de verdure
Percent de leurs jets fléchissants
La neige étincelante et dure.

Quelques buissons gardent encor
Des feuilles jaunes et cassantes
Que le vent âpre et rude mord
Comme font les chèvres grimpantes.

Et les arbres silencieux
Que toute cette neige isole
Ont cessé de se faire entre eux
Leurs confidences bénévoles.

– Bois feuillus qui, pendant l'été,
Au chaud des feuilles cotonneuses
Avez connu les voluptés
Et les cris des huppes chanteuses,

Vous qui, dans la douce saison,
Respiriez la senteur des gommes,
Vous frissonnez à l'horizon
Avec des gestes qu'ont les hommes.

Vous êtes las, vous êtes nus,
Plus rien dans l'air ne vous protège,
Et vos cœurs tendres ou chenus
Se désespèrent sur la neige.

– Et près de vous, frère orgueilleux,
Le sapin où le soleil brille
Balance les fruits écailleux
Qui luisent entre ses aiguilles.

HIVER

Marceline Desbordes-Valmore (1819)

Non, ce n'est pas l'été, dans le jardin qui brille,
Où tu t'aimes de vivre, où tu ris, cœur d'enfant !
Où tu vas demander à quelque jeune fille
Son bouquet frais comme elle et que rien ne défend ;

Ce n'est pas aux feux blancs de l'aube qui t'éveille,
Qui rouvre à ta pensée un lumineux chemin,
Quand tu crois, aux parfums retrouvés de la veille,
Saisir déjà l'objet qui t'a dit : « À demain ! »

Non ! ce n'est pas le jour, sous le soleil d'où
[tombent
Les roses, les senteurs, les splendides clartés,
Les terrestres amours qui naissent et succombent,
Que tu dois me rêver pleurante à tes côtés.

C'est l'hiver, c'est le soir, près d'un feu dont la
[flamme
Éclaire le passé dans le fond de ton âme.
Au milieu du sommeil qui plane autour de toi
Une forme s'élève ; elle est pâle ; c'est moi !

C'est moi qui viens poser mon nom sur ta pensée,
Sur ton cœur étonné de me revoir encor,
Triste, comme on est triste, a-t-on dit, dans la mort,
À se voir poursuivi par quelque âme blessée,
Vous chuchotant tout bas ce qu'elle a dû souffrir,
Qui passe et dit : « C'est vous qui m'avez fait
[mourir ! »

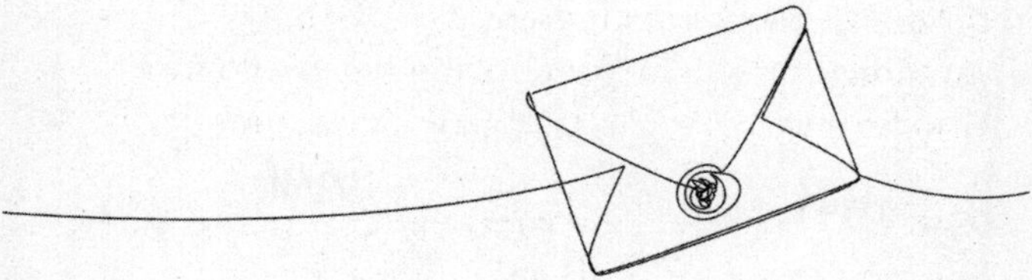

CARTE POSTALE

Sabine Sicaud (1958)

Quand l'anémone rouge et les jacinthes bleues
Fleurissent les parcs d'Angleterre,
Une petite fille en robe rouge ou bleue
Descend les escaliers de pierre.

De green, les parterres, le lierre,
Les beaux arbres jamais taillés
Et les sous-bois pleins de jacinthes…

En robe rouge ou bleue – anémone ou jacinthe –
Une petite fille est peinte
Dans le printemps vert et mouillé
De la vieille Angleterre.

L'ENGAGEMENT

ÉPÎTRE

Marguerite de Navarre (1526)

Si Dieu m'a Christ pour chef donné,
Faut-il que je serve autre maître ?
S'il m'a le pain vif ordonné,
Faut-il du pain de mort repaître ?
S'il me veut sauver par sa dextre,
Faut-il en mon bras me fier ?
S'il est mon salut et mon être,
Point n'en faut d'autre édifier.
S'il est mon seul et sûr espoir,
Faut-il avoir autre espérance ?
S'il est ma force et mon pouvoir
Faut-il prendre ailleurs assurance ?
Et s'il est ma persévérance,
Faut-il louer ma fermeté ?
Et pour une belle apparence,
Faut-il laisser la sûreté ?

Si ma vie est en Jésus-Christ,
Faut-il la croire en cette cendre ?
S'il m'a donné son saint écrit,
Faut-il autre doctrine prendre ?
Si tel maître me daigne apprendre,
Faut-il à autre école aller ?
S'il me fait son vouloir entendre,
Faut-il par crainte le céler ?
Si Dieu me nomme son enfant,
Faut-il craindre à l'appeler père ?
Si le monde le me défend,
Faut-il qu'à son mal j'obtempère ?
Si son esprit en moi opère,
Faut-il mon courage estimer ?
Non, mais Dieu, qui partout impère,
Faut en tout voir, craindre et aimer !

NE JETEZ PLUS SUR NOUS D'INJURES SI GRANDS SOMMES

Anne de Marquets (1561)

Ne jetez plus sur nous d'injures si grands sommes,
Hommes par trop ingrats et de cœur endurci,
Dieu n'a-t-il pas de nous comme de vous souci ?
N'est-il pas créateur des femmes et des hommes ?

Je sais bien qu'entre vous il y a maints prud'hommes,
Maintes femmes y a vertueuses aussi ;
Et l'un et l'autre sexe il n'y a nul sans si,
Car d'une même chair environnés nous sommes.

Voyez comme aujourd'hui les femmes ont l'honneur
Les premières de voir le souverain Seigneur,
De lui baiser les pieds, d'aller dire aux Apôtres

Qu'il a vaincu la mort et qu'ore il est vivant.
De nous blasonner donc cessez dorénavant :
N'enviez nos honneurs, contentez-vous des vôtres.

LES IGNORÉS

(Souvenir Du Saint-Gothard)

Alice de Chambrier (1881)

Les Héros les plus grands, ce sont les moins connus,
Ce sont ceux qui dans l'ombre accomplissent leur
[tâche,
Qui, sans murmures vains, travaillent sans relâche,
Puis rentrent dans la nuit dont ils étaient venus.

Nul n'en connaît le nombre, intrépide phalange,
Prête à chaque péril, à chaque dévouement,
Et que l'on voit parfois briller obscurément
Comme un joyau de prix égaré dans la fange !

Admirables lutteurs, qui sans même savoir
Que leur conduite est noble et que leur âme est
[grande,
Donnent toute leur vie et leur joie en offrande
À cet austère maître appelé le Devoir !

Ah ! certes, parmi ceux qu'ici-bas l'on encense,
Artistes, conquérants redoutés et puissants,
Beaucoup ne valent pas ces humbles combattants
Qui passent sans éclat, sans beauté, sans science.

Ce sont eux qu'il faudrait pouvoir rendre immortels,
Eux qui mériteraient un Temple à leur mémoire,
Comme Athènes autrefois, dans les jours de sa gloire,
Pour les Dieux inconnus élevait des autels.

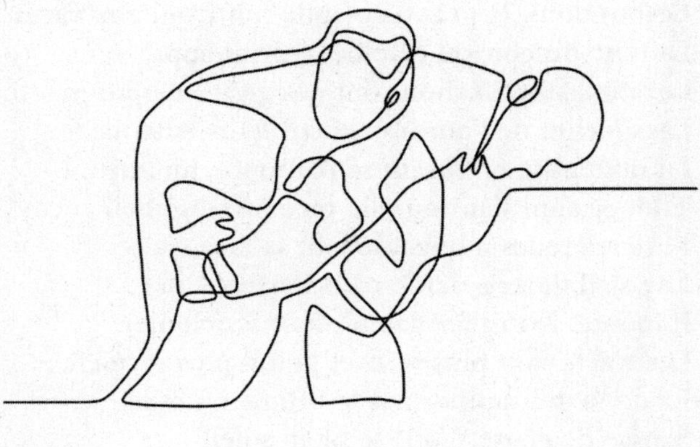

LE JOUR

Cécile Sauvage (1929)

Levons-nous, le jour bleu colle son front aux vitres,
La note du coucou réveille le printemps,
Les rameaux folichons ont des gestes de pitres,
Les cloches de l'aurore agitent leurs battants.
La nuit laisse en fuyant sa pantoufle lunaire
Traîner dans l'air mouillé plein de sommeil encor
Et derrière les monts cachant sa face claire
Le soleil indécis darde trois flèches d'or.
Il monte. Notre ferme en est tout éblouie,
Les volets sont plus verts et le toit plus vermeil,
La crête des sapins dans la brume enfouie
S'avive de clarté. Voilà le plein soleil
Avec son blanc collier de franges barbelées,
Avec ses poudroiements de cristal dans les prés,
Avec ses flots nacrés, ses cascades brûlées,
Ses flûtes, ses oiseaux et ses chemins pourprés.
L'abeille tôt levée, attendant sa venue,

Essayait d'animer les boutons engourdis,
Dérangeait l'ordre neuf de la rose ingénue,
Pressait de toutes parts les lilas interdits.
Dès qu'elle vit au ciel fuser la bonne gerbe,
Son gorgerin blondit, son aile miroita,
Et, tandis que les fleurs se découpaient dans l'herbe,
Sur un lis qui s'ouvrait son ivresse pointa.
Quel massacre badin de vierges cachetées !
La nonnain-violette en conserve un frisson,
Les corbeilles d'argent aux blancheurs dépitées
S'inquiètent du vent rural et sans façon.
Sur l'églantine fraîche aux saveurs paysannes
Voici que les frelons éthiopiens vont choir,
Les bambous en rumeur entre-choquent leurs cannes,
Sur un brin d'amandier sifflote un merle noir.
Levons-nous. Notre chien lappe son écuelle,
Les chevaux affamés piaffent après le foin,
On entend barboter un refrain de vaisselle

Et des appels de coqs s'égosiller au loin.
Déjeunons sur le seuil de tartines miellées,
Dans nos verres en feu le soleil boit sa part,
Les arbres font danser leurs feuilles déroulées
Et teignent leurs bourgeons d'un petit point de fard.
C'est l'heure puérile où la margelle est rose,
Où la jeune campagne éclose au jour nouveau
Dans ses terrains bêchés brille comme une alose,
Où l'araignée étend son lumineux réseau.
C'est l'heure où les lapins se grisent de rosée,
Où l'enfant matinal aux gestes potelés,
Agitant le soleil de sa tête frisée ;
Rit tenant à deux mains un pesant bol de lait.
La montagne se vêt de légères buées
Et semble perdre un peu de son austérité,
Les cyprès accusant leurs grâces fuselées
Dressent des cierges verts sur l'autel de l'été.
Ô rajeunissement du réveil, ô lumière
Qui laves les noirceurs, les fanges, les chagrins,
Qui donnes des splendeurs au bourbier de l'ornière
Et mets une ombre d'or sur nos charniers humains.

LA FIN D'UN MONDE

Jeanne Loiseau (1893)

Parfois, lorsque je songe aux sombres destinées
Qui sont nôtres, mon cœur ému se glace en moi,
Car c'est un sort étrange, amer et plein d'effroi
Celui que subit l'homme en ses courtes années.

Vers un but inconnu ses forces détournées
N'obéissent jamais un instant à sa loi ;
Il souffre, pleure et lutte, et ne sait pas pourquoi,
Car il voit au néant ses œuvres condamnées.

Si la terre demain s'arrêtait dans son cours,
C'en serait fait de l'être et du temps et des jours.
Un seul choc !... Et soudain tout redeviendrait
[flamme.

Où donc seraient alors la gloire, le progrès,
Le renom du guerrier, la beauté de la femme ?
Pourquoi tant espérer s'il n'est plus rien après ?

RÉVOLTE

Isabelle Kaiser (1893)

Ils sont venus voir l'Endormie,
Je veillais près d'Elle à genoux,
Ils ont serré ma main blêmie :
« — C'est un ange, consolez-vous ! »

Silence ! je n'ai nulle envie
Des consolations du sort :
C'était un ange dans la vie,
Il ne lui fallait pas la mort !

Et je maudis la barbarie
Qui n'en prive nos régions
Que pour la rendre à sa patrie
Où les anges sont légions !

Ils sont si rares sur la terre
Les anges au front printanier :
Ne m'ordonnez pas de me taire
Lorsqu'on nous ravit le dernier !

PETITS ENFANTS, PETITS OISEAUX...

Isabelle Kaiser (1890)

Petits enfants, petits oiseaux.
Quand l'hiver revient je frissonne
Et je songe, prise d'effroi,
À ces enfants qui n'ont personne
Pour les couvrir quand ils ont froid.

Quand les flocons du blanc cortège
Tremblent au bord des toits brunis,
Je chante, afin que l'on protège
Les petits oiseaux dans leurs nids.

Dieu ne fit pas les jours moroses
Pour les enfants et les oiseaux ;
C'est pour eux que s'ouvrent les roses
Et les lys blancs au sein des eaux.

Par charité, faites renaître
La flamme des foyers éteints,
Et semez sur votre fenêtre
Les miettes de vos festins.

Ce simple geste, d'un cœur sage,
Vous épargnera le remords
De croiser sur votre passage
La dépouille des oiseaux morts.

Pour les petits que l'on ignore
L'hiver est lent à prendre fin,
Et c'est navrant d'entendre encore
Que des enfants meurent de faim.

Le front des mères est livide,
Leur pauvre cœur en deux se fend,
Et le monde, le monde est vide
Quand le berceau n'a plus d'enfant.

Et si quelque vent de tempête
Mettait tous les nids au cercueil,
Les arbres courberaient la tête
Et le printemps serait en deuil.

Pour nous les petits enfants frêles
Sont les oisillons du foyer,
Comme eux ouvrant parfois les ailes
Ou chantant pour nous égayer.

Et là-haut - consolant mystère,
Les oiseaux du Père éternel,
Les oiseaux aimés de la terre,
Sont les petits enfants du ciel !

AUX HOMMES

Fanny de Beauharnais (1776)

Fier d'une fausse liberté,
Sexe, qui vous croyez le maître,
Soyez au moins, digne de l'être.
Justifiez votre fierté ;
Et puis, ce sera notre affaire,
Quand vous l'aurez bien mérité,
De vous surpasser pour vous plaire
Pardonnez-moi cette candeur,
Qui peut vous paroître un outrage,
Mais qui convient à mon humeur.
Vive, indépendante et volage,
Ma plume obéit à mon cœur.
Disserter est votre partage :
Il est très noble assurément ;
Le nôtre, c'est l'amusement,
Qui, prouvant moins, vaut davantage
À votre plus grave argument,

Nous répondons en nous jouant,
Avec un mot de persiflage.
Notre frivole Aréopage :
Donne des lois à vos Héros,
Et nous cachons vos noirs bureaux,
Sous les pompons du badinage.
Vous vous battez bien mieux que nous ;
Vous savez manier des armes :
Un grand sabre a pour vous des charmes ;
Chez vous la force aide au courroux.
Oui, Messieurs, j'oserai le dire,
Depuis longtemps on sait cela ;
C'est d'elle que vient votre empire ;
Le nôtre, il est vrai, n'est point-là.
Le ciel aussi nous dédommage.
Si la force manque à nos vœux,
Dans nos cœurs il met le courage ;
Combien nos combats sont affreux !
Dans ces plaines, que Mars ravage,
Les vôtres sont moins douloureux ;
Et l'ennemi qu'il vous faut craindre,
Ne sachant, ni plaire, ni feindre,
Moins cher, est bien moins dangereux.
Vous faut-il dévorer des larmes,
Résister à votre vainqueur ?
Sans honte, vous rendez les armes.
Mais, sous une feinte douceur,
Quand l'Amour blesse notre cœur ;
Trop sincères pour ne pas croire,
Pleurant la peine ou le bonheur,
Et la défaite et la victoire,
Et le triomphe de l'honneur,
Ou la perte de notre gloire,

Nous trouvons partout le malheur.
Savez-vous vaincre la Nature ?
Connaissez-vous tous ces tourments,
Vous, esclaves de vos penchants,
Vous, que l'impunité rassure ?
J'ai tort, je vous condamne en vain
Tous mes reproches sont des crimes :
N'avez-vous pas votre latin,
Qui vous rend des êtres sublimes ?
Oui, Messieurs ; le Sexe jaseur
Doit tout au Sexe raisonneur.
Trop heureuses, je suis sincère,
Que des demi-Dieux, tels que vous
Daignent descendre jusqu'à nous,
Et s'humaniser, pour nous plaire.
Des Philosophes, des Penseurs,
Des Géomètres, des Docteurs,
Dont les discours sont admirables,
Et les écrits inexplicables,
S'occuper de jolis enfants !
En perdre par fois le bon sens !
Autour de nous jouer sans cesse !
S'abaisser à notre faiblesse…
Tel est pourtant notre pouvoir.
Que la Nature forme un sage,
Si le sage vient à nous voir,
Reconnaît-elle son ouvrage ?
Enfin, tout adore nos fers ;
Tout suit l'instinct qui nous dirige :
Par nos grâces, par nos travers,
Si l'on veut, par notre vertige,
Nous enchaînons cet univers.
Nous lui prouvons, grâce au prestige,

Qu'en vous ébauchant avant nous,
Le Ciel, de notre honneur jaloux,
Pour la fin garda son prodige,
Et que la main du Créateur
Commença vite par la tige,
Pour donner ses soins à la fleur

PORTRAIT DES FRANÇAIS

Fanny de Beauharnais (1772)

Tous vos goûts sont inconséquents ;
Un rien change vos caractères ;
Un rien commande à vos penchants,
Vous prenez pour des feux ardents
Les bluettes les plus légères.
La nouveauté, son fol attrait,
Vous enflamme jusqu'au délire ;
Un rien suffit pour vous séduire,
Et l'enfance est votre portrait.
Qui vous amuse vous maîtrise :
Vous fait-on rire, on a tout fait,
Et vous n'aimez que par surprise
Vous n'avez tous qu'un seul jargon,
Bien frivole, bien incommode.
Si la raison était de mode,
Vous auriez tous de la raison.

RÉPONSE À L'ÉPÎTRE SUR L'AMITIÉ DES FEMMES

Fanny de Beauharnais (1772)

Combien nous avons de défauts…
Qu'une belle est infortunée !
L'amitié défend le repos :
Nous dormons, toute la journée.
Oui, je conçois votre chagrin,
Et j'approuve votre colère.
Sans doute, il faudrait, pour vous plaire,
Vous adorer dès le matin ;
Exiler de notre toilette
Le Colonel qui fait des nœuds,
L'Abbé qui rajuste une aigrette,
Tandis qu'on trêfle nos cheveux.
Monsieur, dussé-je être indiscrète,
Grâce, au moins, pour ces plaisirs-là.
Nous y tenons, la chose est nette :
Pour votre amitié, l'on verra.

Mais ne parlez point de vieillesse ;
Elle raisonne et ne sent plus :
L'âme se ferme à la tendresse,
Quand les yeux s'ouvrent aux abus.
Enfin, si cette amitié rare
Du jeune âge n'est pas le prix ;
Si, par le sort le plus bizarre,
On ne l'obtient qu'en cheveux-gris ;
J'y renonce, je le déclare.
Ciel ! préservez-nous des amis !

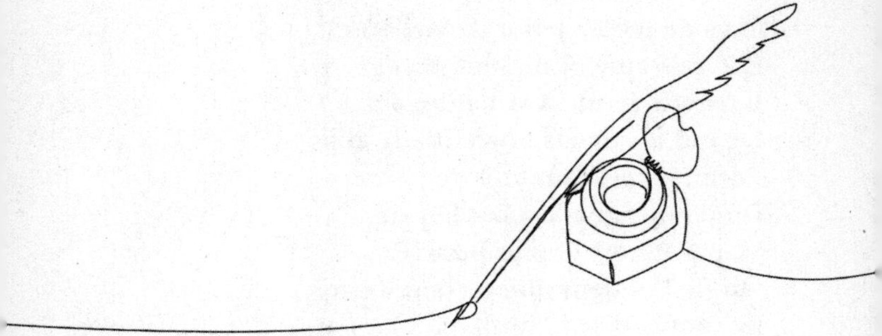

UNE LETTRE DE FEMME

Marceline Desbordes-Valmore (1860)

Les femmes, je le sais, ne doivent pas écrire ;
J'écris pourtant,
Afin que dans mon cœur au loin tu puisses lire
Comme en partant.

Je ne tracerai rien qui ne soit dans toi-même
Beaucoup plus beau :
Mais le mot cent fois dit, venant de ce qu'on aime,
Semble nouveau.

Qu'il te porte au bonheur ! Moi, je reste à l'attendre,
Bien que, là-bas,
Je sens que je m'en vais, pour voir et pour entendre
Errer tes pas.

Ne te détourne point s'il passe une hirondelle
Par le chemin,
Car je crois que c'est moi qui passerai, fidèle,
Toucher ta main.

Tu t'en vas, tout s'en va ! Tout se met en voyage,
Lumière et fleurs,
Le bel été te suit, me laissant à l'orage,
Lourde de pleurs.

Mais si l'on ne vit plus que d'espoir et d'alarmes,
Cessant de voir,
Partageons pour le mieux : moi, je retiens les larmes,
Garde l'espoir.

Non, je ne voudrais pas, tant je te suis unie,
Te voir souffrir :
Souhaiter la douleur à sa moitié bénie,
C'est se haïr.

AUX MÉDECINS
QUI VIENNENT ME VOIR

Sabine Sicaud (1958)

Je ne peux plus, je ne peux plus, vous voyez bien…
C'est tout ce que je puis.
Et vous me regardez et vous ne faites rien.
Vous dites que je peux, vous dites – aujourd'hui
Comme il y a des jours et des jours – que l'on doit
Lutter quand même et vous ne savez pas
Que j'ai donné toute ma pauvre force, moi,
Tout mon pauvre courage et que j'ai dans mes bras
Tous mes efforts cassés, tous mes efforts trompés
Qui pèsent tant – si vous saviez !

Pourquoi ne pas comprendre ? Au bois des Oliviers
Jésus de Nazareth pleurait, enveloppé
D'une moins lourde nuit que celle où je descends.
Il fait noir. Tout est laid, misérable, écœurant,
[sinistre…

Vainement, vous tentez en passant
Un absurde sourire auquel nul ne se prend.
C'est d'un geste raté, d'une voix sonnant faux
Que vous me promettez un secours pour demain.
Demain ! C'est à présent, tout de suite, qu'il faut
une main secourable dans ma main.

Je suis à bout…
C'est tout ce que je peux souffrir, c'est tout.
Je ne peux plus, je ne crois plus, n'espère plus.
Vous n'avez pas voulu
Pas su comprendre, sans pitié
Vous me laissez mourir de ma souffrance… Au moins,
Faites-moi donc mourir comme on est foudroyé
D'un seul coup de couteau, d'un coup de poing
Ou d'un de ces poisons de fakir, vert et or,
Qui vous endorment pour toujours, comme on
[s'endort
Quand on a tant souffert, tant souffert jour et nuit,
Que rien ne compte plus que l'oubli, rien que lui…

BIOGRAPHIES DES POÉTESSES

Sappho (630-570 avant J.-C.) était une poétesse grecque originaire de l'île de Lesbos. Considérée comme l'une des plus grandes poétesses lyriques, on la surnommait « la dixième Muse ». Aujourd'hui, la majeure partie de son œuvre a disparu et il n'en reste que des fragments, à l'exception d'un seul poème que l'on a retrouvé entier *: L'hymne à Aphrodite.*

Poétesse prolifique, on estime que Sappho a écrit plus de 10 000 vers. Sa poésie était écrite pour être chantée, accompagnée d'une lyre. Aujourd'hui encore, son art continue d'influencer des autrices et auteurs du monde entier.

Au-delà de sa poésie, elle est un véritable symbole de l'amour et du désir.

Marguerite de Navarre (1492-1549), aussi appelée Marguerite de Sicile, est née à Angoulême. Après son mariage avec le roi Guillaume le Mauvais, elle devient reine du royaume normand de Sicile, et régente du royaume en attendant que son fils Guillaume atteigne la majorité.

Pendant la première partie du XVIe siècle, elle joue un rôle déterminant dans la protection des poètes de son temps (Rabelais, Bonaventure des Périers, etc.), qui la surnommaient « la perle des Valois ». Diplomate influente, elle manifeste un intérêt certain pour les idées modernes, et encourage le renouvellement des arts.

Louise Labé (1524-1566), aussi surnommée Louïze Labé Lionnoize et la « Belle Cordière », est une écrivaine et poétesse française, icône protoféministe de la Renaissance.

L'intégralité de son œuvre est constituée du poème *Débat de Folie et d'Amour*, de trois Élégies, et de vingt-quatre sonnets, ayant tous pour thèmes l'amour et les tourments qu'il entraîne. Ses écrits ont été découverts au XIXe siècle, et depuis près de 500 ans, sa poésie sulfureuse bouleverse tant par sa beauté que par son étonnante modernité.

Anne de Marquets (1533-1588) est née dans le comté d'Eu et est issue la noblesse normande. Elle reçoit une excellente éducation, apprenant notamment le latin et le grec avec Henri Estienne. Plus tard, elle deviendra religieuse dominicaine et enseignante au monastère Saint-Louis de Poissy. En 1958, elle traduit les poésies spirituelles de Marc-Antoine Flaminio, et y ajoute ses poèmes personnels. Ses différentes publications lui valent une reconnaissance certaine auprès des poètes de son temps (Pierre de Ronsard, Jean Dorat, etc.). Quatre-cents quatre-vingt sonnets spirituels et poèmes moralisateurs seront publiés post-mortem.

Fanny de Beauharnais (1737-1813), aussi connue sous le nom de Marie-Anne-Françoise Mouchard, est une femme de lettres française appartenant à la fin du siècle des Lumières. Comtesse de Beauharnais par mariage, elle traverse l'époque révolutionnaire et s'inscrit dans le mouvement littéraire dit fugitif. Ironique et légère, son œuvre comporte des contes moraux ou féeriques et met en lumière le sensible et le ridicule des caractères – masculins comme féminins. Engagée dans la lutte pour la défense du statut des autrices, elle avait l'ambition d'obtenir l'expression libre pour toutes les femmes.

Marceline Desbordes-Valmore (1786-1859) est la pionnière de la poésie romantique. Issue de la classe populaire, elle vit des arts de la scène. Elle a inventé le vers de onze syllabes. En 1819, la poétesse publie son premier recueil, *Élégies et Romances*, qui lui permet de faire la une de plusieurs grands journaux. Un an après sort *Les poésies de Mme Desbordes-Valmore*.

Elle influença de grands noms tels que Verlaine, Rimbaud ou Aragon ; Baudelaire la qualifiera de

« grande sœur des romantiques ». Aujourd'hui encore, des chanteurs comme Julien Clerc et Pascal Obispo mettent ses poèmes en chanson.

Jeanne Loiseau (1854-1921) a écrit, sous le pseudonyme masculin de Daniel Lesueur, plusieurs romans et sonnets philosophiques. L'un de ses romans a été adapté au théâtre et joué par Sarah Bernhardt en 1905. Autrice de littérature sentimentale, elle n'en est pas moins une féministe convaincue. En 1900, elle devient la première femme de lettres à obtenir la Légion d'honneur, puis en 1913 le titre d'officier, et enfin la médaille d'honneur de la Société des gens de lettres en 1919. Autrice confirmée et reconnue, elle a reçu six prix de l'Académie Française durant sa carrière.

Alice de Chambrier (1861-1882) a vécu à Bevaix, en Suisse, pendant la majeure partie de sa vie, et a commencé à écrire vers l'âge de 16 ans des poèmes, contes et nouvelles. Malgré son jeune âge, on la compare à de grands auteurs tels que Hugo ou Lamartine. Six ans après la découverte de sa passion, elle sera tragiquement emportée par la maladie. Enfant prodige des lettres suisses françaises, elle connaîtra le succès à titre posthume à travers toute l'Europe.

Anne-Caroline Menard, dite **Anaïs Ségalas** (1811-1893) commence à écrire très tôt : à huit ans, elle offre un poème à son père comme cadeau d'anniversaire. Un an après son mariage, alors qu'elle n'a que seize ans, elle publie une épopée lyrique qui l'emmènera vers la célébrité. C'est en 1837 que sort le recueil *Oiseaux de passage* qui regroupe la plupart de ses publications parues dans les journaux. Elle a également écrit plusieurs romans et pièces de théâtre. Anaïs Ségalas est considérée comme la poétesse de la charité, de la bienfaisance et de l'amour maternel.

Augusta Holmès (1847-1903) est une poétesse et compositrice française aux origines britannique et irlandaise. Grandir à Versailles lui permet de fréquenter les salons artistiques de son époque et de rencontrer des personnalités comme Charles Gounod. Passionnée par Richard Wagner, elle décide de l'imiter en écrivant elle-même les textes de ses œuvres (mélodies, poèmes symphoniques avec voix, livrets d'opéra). À sa disparition, elle lègue ses manuscrits musicaux à la bibliothèque du Conservatoire national de musique, à la Bibliothèque municipale de Versailles, et six portraits d'elle au musée de Versailles.

Isabelle Kaiser (1866-1925), est une romancière et poétesse suisse. En 1897, elle quitte la ville dans laquelle elle a grandi et se retire à Beckenried pour se consacrer à l'écriture. Elle écrit d'abord majoritairement en français, avant de retourner à sa langue maternelle, l'allemand. En 1910, elle gagne le prix Juteau-Duvigneaux avec son roman *Marcienne de Flüe.* Elle a également reçu le prix de Jouy pour son ouvrage *La Vierge du lac.*

Cécile Sauvage (1883-1927) est née à La Roche-sur-Yon. Lorsqu'elle est encore au lycée, elle envoie l'un de ses manuscrits à *La Revue forézienne.* Elle entame alors une correspondance avec le rédacteur du journal, Pierre Messiaen, avec qui elle finira par se marier. Elle écrit tous les jours jusqu'à sa mort. Surnommée la « poétesse de la maternité », elle laisse une œuvre touchante de simplicité, saluée par plusieurs grands noms des lettres françaises.

Anna de Noailles (1876-1933), d'origine gréco-roumaine et de son vrai nom Princesse Bibesco Bassaraba de Brancovan, est née à Paris. Son premier recueil, *Le Cœur innombrable,* publié en 1901, est couronné par l'Académie Française. Son œuvre comporte neufs recueils de poèmes, un essai sous forme d'histoires courtes et de méditations à propos des relations hommes-femmes, trois romans, un recueil de prose poétique et une autobiographie. Anna de Noailles est l'unique femme poète de son époque à se voir attribuer les plus hautes distinctions publiques. Entre romantisme et modernisme, sa poésie brise les codes de la structure classique, et devient de plus en plus tragique vers la fin de sa vie.

Sabine Sicaud (1913-1928) est une poétesse française qui a passé sa courte vie à Villeneuve-sur-Lot. Ses poèmes, écrits du haut de ses onze ans, remporteront plusieurs prix littéraires. À seulement treize ans, cette jeune prodige publie son recueil *Poèmes d'enfant*, préfacé par Anna de Noailles.

Malheureusement, l'insouciance de l'enfance laissera rapidement place à la maladie. Sabine Sicaud souffre d'ostéomyélite et tente d'exorciser la douleur en écrivant. Elle disparaît à quinze ans, laissant derrière elle une œuvre aussi brève que précieuse.

Cet ouvrage est composé de matériaux issus de forêts gérées durablement certifiées PEFC™.

Le Programme de reconnaissance des certifications forestières (PEFC™) est le plus grand organisme mondial indépendant de contrôle pour une gestion durable des forêts. Pour en savoir plus, consultez le site www.pefc-france.org

Achevé d'imprimer en avril 2022
par Novoprint
Dépôt légal : mai 2022
Imprimé en Slovaquie